LES MYSTÈRES

DU

MONT-DE-[PIÉTÉ]

PAR

ERNEST CA[PENDU]

5

PARIS
ALEXANDRE CADOT, ÉDITEUR,
37, RUE SERPENTE, 37

LES MYSTÈRES

DU MONT-DE-PIÉTÉ.

OUVRAGES D'ERNEST CAPENDU.

—

Imprimerie de E. Dépée, à Sceaux.

LES MYSTÈRES

DU

MONT-DE-PIÉTÉ

PAR

ERNEST CAPENDU.

5

PARIS

ALEXANDRE CADOT, ÉDITEUR

37, RUE SERPENTE, 37.

MONT-DE-PIÉTÉ

C.

PARIS

LES

MYSTÈRES DU MONT-DE-PIÉTÉ.

———

Deuxième partie.

———

COURTE ET BONNE.

XVII

Les bonnes amies.

— Il y a là un boulanger ! - - cria un ga-
min en désignant la boutique voisine, — devant laquelle, — quelques instants auparavant, — le malheureux vieillard s'était arrêté en jetant sur la devantûre un coup d'œil
de convoitise.

— Je le sais bien, — répondit Emma, — nous en sortons.

— Faut-il aller chercher un pain ?

— Non, — nous irons bien !

Et les deux jeunes filles, — soutenant leur protégé, — lequel paraissait n'avoir aucune conscience de ce qui se passait autour de lui, — se dirigèrent vers la boutique indiquée.

Le personnage élégant, — qui s'était tenu à l'écart, — devina l'intention des jeunes filles sans doute, car il s'élança vivement en avant, — atteignit la boutique du boulanger et en franchit le seuil avant que le vieillard eût pu se traîner jusque-là.

Le rassemblement — formé tout d'abord autour du vieillard, — commençait à s'écouler lentement.

Une partie de ceux qui le formaient, — voyant le malheureux sous la protection des deux charmantes ouvrières, — se retira pensant que toute autre assistance était désormais inutile.

Il ne resta que les flâneurs, — les oisifs, — les gamins, — toute cette gent enfin amie de la distraction pour la distraction elle-même, — et qui saisit avec empressement toute occasion de prolonger outre mesure une perte de temps.

— Une chaise ! — dit Emma en se précipitant dans la boutique.

— Un verre de vin ! — ajouta Louise.

— Là ! asseyez-vous ! — reprit la première en aidant le vieillard à s'installer.

— Vite ! — du vin ! — du pain ! — des gâteaux !

— Ce pauvre homme a faim.

— Et nous payons pour lui.

La boulangère courut vivement chercher ce qu'il fallait.

Le propriétaire du riche équipage se tenait au fond de la boutique, — regardant attentivement la petite scène qui s'accomplissait sous ses yeux.

La foule des flâneurs était toujours ras-

semblée sur le trottoir et gênait la circula-
tion.

Au premier rang de cette foule, — placé
en face de la porte, — voyant tout, — écou-
tant tout, — se tenait un homme de haute
taille, carré des épaules, — aux mains ru-
gueuses, — à la physionomie farouche.

Cet homme, dont le torse athlétique était
recouvert d'un bourgeron bleu en loques,—
avait cette apparence repoussante des mau-
vais sujets de bas étage.

C'était une physionomie farouche, laquelle
eut fait dire volontiers en la considérant :

— Je ne voudrais pas rencontrer cet hom-
me-là, — la nuit, — dans un bois.

Effectivement, — il avait l'aspect d'un ignoble bandit.

Sa trogne animée indiquait en lui un habitué de cabarets, et son maintien débauché, — sa tournure grossière, — ses regards fixes et presque hébétés, ne contribuaient pas à relever l'ensemble de son individu.

— C'est cela, — murmura-t-il d'une voix rauque en regardant l'homme élégant qui demeurait immobile, et en reportant les yeux sur les deux grisettes et sur le vieillard, — c'est cela ! — voilà un riche qui ne se remue pas seulement, et c'est des pauvres ouyrières qui secourent les malheureux.

Le vieillard avait bu un peu de vin et mangé un petit morceau de pain.

Ce premier et impérieux besoin de la nature satisfait, — il respira plus librement et examina ceux qui l'entouraient...

— Que m'est-il donc arrivé? — murmura-t-il.

Ses yeux se portèrent sur la boutique, — sur la rue, — sur la foule qui stationnait devant la maison.

Puis, — ses regards, — s'abaissant sur lui-même, — tombèrent sur le verre à demi plein qu'il tenait de la main droite, et sur une brioche qu'Emma venait de placer entre les doigts de sa main gauche.

Cette vue parut épouvanter le vieillard, et produisit sur lui l'effet d'une commotion électrique.

Se relevant vivement et repoussant avec horreur le verre et le gâteau qu'il rejeta sur le comptoir:

— Du vin ! — s'écria-t-il avec des éclairs dans les yeux, — des gâteaux ! — à moi ! — à moi ! !

« Quand Marguerite et mes petits-enfants n'ont pas mangé depuis hier ! — mais je suis donc un lâche !

— Monsieur, monsieur ! — calmez-vous ! — s'écria Louise, effrayée de l'exaltation fébrile du vieillard, — mais le malheureux ne l'entendit pas.

— J'ai bu !—continua-t-il,—j'ai mangé! maintenant il faut que je paye... Et cet argent !... cet argent... insuffisant déjà...

— Monsieur...—dit Emma.

—Monsieur...—fit Louise de l'autre côté.

— Ne vous emportez pas.

— Vous n'avez rien demandé.

— C'est nous qui vous avons fait donner du vin...

— Et des gâteaux.

— Cela ne vous coûtera rien.

— Nous payons tout !

— Gardez votre argent.

En entendant ces deux voix fraîches et émues, qui résonnaient doucement à ses oreilles, — le vieillard considéra les deux jeunes filles d'un œil inquiet.

Il se souvint vaguement, — il devina tout.

Alors, enfermant sa tête argentée dans ses mains amaigries, — il se laissa retomber sur le siége qu'il venait de quitter.

Des sanglots lui montèrent à la gorge et on l'entendit murmurer :

— La charité!... un vieux soldat!... je suis un mendiant.

La boulangère paraissait profondément impressionnée.

Louise et Emma, — bouleversées toutes deux, — avaient pris, — chacune, — l'une des mains du vieillard, et toutes deux, — par un même mouvement empreint d'une grâce exquise, — s'agenouillèrent de chaque côté de la chaise.

— Pourquoi pleurer? — dit Emma.

— Est-ce que vous nous en voulez? — demanda Louise.

— Vous étiez souffrant...

— Nous vous avons secouru.

— Vous aviez faim...

— Nous vous avons donné à manger.

— Tout le monde en eût fait autant.

— Vous n'avez rien demandé, vous !

— C'est nous qui vous demandons la per-
mission de vous soigner.

— Laissez-vous faire...

— Le bon Dieu veut bien que nous fas-
sions une bonne action, il ne faut pas nous
en empêcher.

Les deux ouvrières avaient de grosses

larmes qui roulaient dans leurs beaux yeux.

— Mais je ne veux pas que vous me payiez ! — dit la boulangère.

— Si! nous le voulons ! — fit Emma.

— C'est si bon de faire du bien ! — ajouta Louise.

— Et nous avons mangé assez de gâteaux tout à l'heure, toutes les deux, pour que nous en donnions à ce pauvre homme.

Le personnage,—qui se tenait au fond,— se détourna devant cette scène attendrissante.

L'émotion gagnait la foule qui stationnait dans la rue et on entendait les mouchoirs fonctionner comme au quatrième acte d'un mélodrame du boulevard du Temple.

L'espèce de bandit, — qui était encore devant la porte, — avait le teint cramoisi, et ses yeux s'animaient extraordinairement.

— Bonnes petites chattes ! — murmura-t-il, — ça a du cœur !... Et je ne peux rien, moi ! — Pas le sou ! — Pas un monaco !.....

Ah ! si j'avais seulement travaillé une heure depuis quinze jours !

Mais non... chien, va !... »

Et il se donna un grand coup de poing dans l'estomac.

— Va, — canaille, — continua-t-il. —

Propre à rien. — Filou ! — va !... Quand tu crèveras de faim, — toi, — je défends que des bonnes créatures comme ça te ramassent au coin d'une borne !...

Puis, — regardant le personnage du fond :

— Et ces riches ! — ajouta-t-il, — ça ne dirait rien.

Et il fit un geste de menace.

Pendant ce temps, le vieillard pleurait toujours, et les deux ouvrières continuaient à lui prodiguer leurs charmantes consolations :

— Ne nous en veuillez pas ! — disait Louise.

— Pardonnez-nous ! — ajoutait Emma.

— Et mangez encore.

— Vous n'avez rien pris.

— Vous allez retomber en faiblesse.

Le vieillard fit un effort pour se relever.

— Non, non ! — dit-il, — il faut que je parte.

— Mais...

— On m'attend.

— Cependant...

— Ils souffrent, eux...

— Qui ?

— Ma fille... mes petits-enfants !

— Votre fille... Elle est donc malade ?

— Oui.

— Et vos petits-enfants, quel âge ont-ils?

— L'aîné a cinq ans.

— Pauvres chérubins.

— Ils sont loin d'ici ?

— Près de Versailles... sur la route de Sèvres.

— Et vous allez les rejoindre?

— Oui.

— Comment ?

— A pied.

Les deux ouvrières joignirent les mains.

— A pied ! — répétèrent-elles.

— Oui, — dit encore le vieillard. — Pourvu que j'arrive à temps !...

— Mon Dieu ! mon Dieu ! — que craignez-vous donc ? — demanda Emma en voyant l'agitation extrême du vieillard.

— Je crains que l'on ne les chasse avant que je sois arrivé.

— Les chasser... d'où cela ?

— De leur logement.

— Comment ?

— Le logeur nous a menacés ce matin.

— Ah ! — fit Louise, — c'est pour cela qu'il vous faut soixante francs ?

— Oui, — dit le vieillard sans avoir évidemment conscience de sa réponse.

— Mais, — ajouta Emma, — le Mont-de-Piété ne vous en a donné que quarante-cinq...

— Oui.

— Alors il vous manque quinze francs.

— Oui, oui, — fit encore le vieillard avec un accent de sombre désespoir, — et le lo-

geur veut soixante francs, — et nous les de-
vons, — et il nous chassera...

— Oh ! ma pauvre fille malade... mes
pauvres petits-enfants... et ne pouvoir rien
pour eux...

Louise et Emma pleuraient à chaudes larmes.

Toutes deux se regardèrent, —toutes deux
eurent la même pensée.

Un rayon de bonheur illumina leur charmante physionomie.

Emma fouilla dans sa poche.

— Voilà quinze francs ! — dit-elle.

— Ça fait vos soixante ! — ajouta Louise.

— Et vous allez prendre le chemin de
fer.

— Et nous vous accompagnerons.

— C'est dit ! — ça nous promènera.

Le vieillard regarda ses deux anges con-
solateurs avec une expression impossible à
rendre.

— Oh ! mon Dieu !... murmura-t-il, —
faut-il accepter ?...

— Oui, — dit Louise.

— Oui, — fit Emma.

— Nous voulions nous amuser ce soir...

— Nous avions été chez ma *tante* pour nous faire belles et aller au Pré-Catelan.

— Nous irons avec vous.

— Mais...

— Une bonne action vaut mieux qu'un méchant plaisir.

— Nous embrasserons vos petits-enfants.

— Nous soignerons votre fille.

— Et nous irons une autre fois au Pré-Catelan que nous n'avons cependant jamais vu.

— C'est dit...

Et les deux charmantes créatures se mirent à sauter de joie dans la boutique à la pensée du bien qu'elles allaient faire.

— Mon Dieu ! — reprit le vieillard, — c'est un rêve !

— Non ! dit Louise, — c'est une réalité. La preuve, c'est que nous allons partir.

— Et emporter des gâteaux pour les enfants, — ajouta Emma.

— Pour ce qui est de ça, — dit la boulangère, — ils sont tout prêts, — avec un pain de quatre livres et un pâté.—Et ne dénouez pas votre bourse, — petite, — la mère Charlier ne lâche pas aux autres la part de bien qu'elle peut faire. Allons, nous y joindrons deux bouteilles de vieux vin !... Le tout dans

un grand panier !... Pauvre vieux ! il m'a
tant remuée.

— Bonne femme ! — s'écria Louise.

Et elle sauta au cou de la boulangère.

— Gredin, — animal, — canaille, —
brute ! — dit le bandit sans se donner la
peine d'essuyer deux larmes qui coulaient
sur ses joues bistrées. — Ah ! chien ! — Si
jamais un je ne sais quoi insulte un jour
deux femmes comme ça devant toi et que tu
ne l'éreintes pas, je te casserai les reins, vois-
tu !... Que ça t'apprenne donc à travailler,
— va-nu-pied.

Le vieillard pleurait, — mais c'était de
joie.

— Partons, — dit Louise.

— Oh ! ces riches ! — fit encore le bandit en levant le poing et en regardant l'élégant personnage.

— Il faut une voiture pour emporter tout cela, — dit Emma en regardant l'énorme panier que préparait la boulangère.

—Envoyez-en chercher une ! — dit Louise, — nous sommes riches.

— Inutile ! — fit une voix émue, — la mienne vous conduira, mesdemoiselles, ainsi que monsieur.

Tous se retournèrent.

L'élégant personnage avait fait un pas en

avant et s'approchait du groupe qui le con—
sidérait avec étonnement.

Tenant son chapeau à la main et saluant avec une grâce parfaite, et comme s'il se fût trouvé au milieu d'un salon :

— Monsieur, — dit-il au vieillard, — il est du devoir des hommes jeunes encore, de prêter leur appui aux personnes plus âgées...

En me mettant à votre disposition et en vous suppliant de ne pas repousser mes offres, je n'accomplis donc que strictement ce que je dois.

D'ailleurs, — vous souffrez, — vous êtes faible, vous avez un long trajet à accomplir.

— Il s'agit enfin d'une bonne action, — permettez-moi d'en prendre ma part. »

Puis, — avant que le vieillard, de plus en plus ému, n'eût pu répondre,—son interlocuteur, — se retournant vers les jeunes filles, — ajouta avec un gracieux sourire :

— Je suis heureux d'avoir été témoin de votre généreuse conduite, — mesdemoiselles.

Depuis quelque temps je vous observe, et mes yeux se sont mouillés de larmes en vous contemplant.

Je ne veux, — en aucune manière, — amoindrir votre admirable charité en me mettant à votre place. — Je vous laisse faire ce que vouliez faire.

Seulement, — à votre tour, — permettez-moi d'être pour quelque chose dans vos bonnes intentions. Vous vouliez reconduire monsieur, — porter à sa famille des consolations, — laissez-moi vous offrir ma voiture, — laissez-moi vous accompagner, — laissez-moi enfin me joindre à vous... »

Louise et Emma se regardèrent en rougissant.

— Dame !... — fit Emma.

— Oh ! — dit le vieillard, — c'est trop de bonté, et vouloir me reconduire près de Versailles.

— Bah ! — interrompit le jeune homme,
— mon temps est à moi et mes chevaux
sont bons.

Je devais ce soir faire un dîner de fous,
— permettez-moi d'y substituer une bonne
action : ce sera tout profit pour moi… »

Et sans attendre la réponse, — le jeune
homme courut sur le seuil de la boutique et
appela du geste son cocher.

La calèche vint se ranger le long du trottoir.

Un valet de pied ouvrit la portière.

— Montez, — monsieur ! — dit le jeune
homme en s'effaçant pour laisser passer le
vieillard.

Celui-ci hésitait encore.

La foule, — qui avait tout entendu, — frémissait d'émotion joyeuse.

— Montez donc ! — dit la boulangère en poussant le vieillard.

Le malheureux, — étourdi, — stupéfait, — entraîné, monta dans le splendide équipage.

Le jeune homme aida lui-même les deux jeunes filles à prendre place sur les coussins soyeux.

Emma et Louise étaient muettes de joie de se voir en si belle voiture.

La boulangère donna le panier au valet de pied.

Le jeune homme se retourna vers elle.

— Madame, — dit-il, — vous faites si bien la charité, que je serais heureux de vous la voir continuer en mon nom. Voudrez-vous bien distribuer demain du pain aux pauvres ?

Et il présenta deux pièces de vingt francs à la boulangère.

— André, — continua-t-il en s'adressant au valet de pied, — tu vas aller chez M. de Rueil, et tu lui diras de vouloir bien m'excuser auprès de mademoiselle Rosine de ce que je ne puis dîner aujourd'hui chez elle.

Le valet s'inclina.

Le jeune homme posa sa botte vernie sur le marche-pied, s'élança dans la voiture et prit place à son tour.

— Route de Sèvres ! — dit-il au cocher.

L'équipage partit au grand trot au milieu de la foule qui s'ouvrait respectueusement sur son passage.

Le valet de pied, — auquel son maître venait de donner l'ordre que nous avons entendu, — s'éloignait en longeant le trottoir.

Tout à coup une rude main se posa sur son épaule.

Le domestique se retourna.

Un homme était derrière lui : cet homme, qui avait les yeux rougis et qui paraissait fortement impressionné, était l'espèce de bandit que nous connaissons déjà.

— Eh ! *larbin !* — fit-il d'une voix rude. — Comment qu'il se nomme, ton patron ?

— Hein ? — fit le valet avec un air dédaigneux.

— Comment qu'il se nomme? — répéta l'homme déguenillé.

— Qu'est-ce que cela vous fait !

— Comment! ce que cela me fait? Es-tu bête ! Ça me fait que c'est un fier lapin et que je ne suis qu'une canaille ! J'en ai dit du mal en dedans de moi-même !...

Je ne suis qu'un gueux, — un gredin, — mais ce qu'il a dit... ce qu'il a fait... ça m'a remué, — vois-tu !

Non, je ne boirai plus ! non, je n'irai plus au cabaret ! — Je veux travailler et gagner de *l'os*, pour faire aussi du bien comme les autres !

Son nom, — que je te dis ! — Je veux le savoir. Quand j'aurai soif, — je le répéterai, — et je ne boirai plus !

Le valet sourit.

— Mon maître n'a pas de raison pour cacher son nom, — dit-il. — Il se nomme M. le comte Lucien de Rouvres.

— Lucien de Rouvres ?

— Oui !

— Et c'est un comte ?

— Oui.

— Un comte pour *de vrai?*

— Tout ce qu'il y a de plus vrai !

— Bon ! — maintenant tu peux filer !

Le valet s'éloigna.

— Ah çà ! — fit l'homme en demeurant immobile sur le trottoir. — C'est donc vrai que je ne suis pas aussi canaille que je le croyais !... Allons, tant mieux !... Lucien de Rouvres ! — je me rappellerai ce nom-là, — et si jamais il y a un coup de poing à donner pour lui... — Voilà l'affaire !

Et le singulier personnage leva à la hauteur de l'œil deux poings dont un seul eût suffi pour assommer un bœuf.

XVIII

Un intérieur du quart-de-monde.

Mademoiselle Rosine demeurait rue Notre-
Dame-de-Lorette, et occupait un très-joli
petit appartement, situé au second étage de
l'une des plus belles maisons de cette voie
montueuse du quartier Breda.

Cet appartement coquet, élégant, luxueux

même était, — ce jour-là, — animé par un
va et vient perpétuel d'hommes, de femmes,
paraissant absorbés dans les occupations les
plus sérieuses et les plus importantes.

Ce jour-là, — où nous sommes, — était
toujours celui durant lequel a commencé la
seconde partie de notre récit.

Le jour où avait eu lieu, chez le vicomte
de Launay, le déjeuner joyeux avec accom-
pagnement de saisie au dessert.

Le jour où M. Raymond avait dévoilé une
partie de ses plans ténébreux à son digne
associé maître Lécrou.

Le jour enfin où nous avons conduit le
lecteur dans les bureaux du *Mont-de-Piété*,

et où nous venons d'assister à la scène touchante qui avait eu lieu chez la boulangère.

Il était six heures du soir.

C'était à cette heure, — on s'en souvient sans doute, — que le vicomte de Launay, — s'isolant de ses amis dans les bois de Ville-d'Avray, — gagnait le versant de la route de Sèvres pour mettre à exécution son fatal projet.

C'était à cette heure également que la calèche de Lucien, — emportant le vieillard et les deux charmantes grisettes, — se dirigeait au grand trot vers Versailles, — en suivant la route du *Cours-la-Reine*.

La portière de satin pompadour, —
qui fermait l'entrée de la chambre à cou-
cher de Rosine, — se souleva doucement,
— sous la pression d'une main mignonne,—
et la jolie actrice passa dans son salon.

Un jeune homme la suivait : ce jeune
homme était Lambert d'Arcourt.

Prenant les mains de Rosine, — il attira
la jeune femme afin de la placer en pleine
lumière, — et, — la regardant fixement :

— Vous m'avez promis? — dit-il.

— Oui, — répondit Rosine.

— Et vous tiendrez votre promesse?

— Je la tiendrai.

— Vous le jurez !

— Je le jure !

— Ah ! vous êtes un ange !

Et Lambert, se penchant vivement, effleura de ses lèvres le front nacré de sa compagne.

— Tiens ! — fit celle-ci en riant, — vous avez bien dit cela.

— Je l'ai bien dit parce que...

— Parce que quoi ?

— Je le pense !

— Pas possible !

— Vraiment !

— Ah çà ! — est-ce que vous allez me faire la cour ?

Lambert secoua la tête.

— Hélas ! — ma chère Rosine, — je ne suis pas en humeur de faire la cour à quelqu'un. — D'ailleurs, — dans ma triste situation, — qui donc m'écouterait.

— Tiens ! — fit Rosine, — j'en connais qui ont fait des bêtises pour des gens qui ne vous valaient pas.

— Il ne s'agit pas de cela, — reprit Lambert, — mais de ce que je viens de vous dire. Je ne vous ai pas parlé comme à une femme que l'on veut séduire, — mais comme à

une amie pour laquelle on n'a pas de secret...

— Je le sais.

— Vous m'avez compris?

— Parfaitement.

— Et vous répondez ?...

— Que j'accepte !

— Sans restriction ?

— Sans restriction.

— Alors je puis compter sur vous ?

— Tout à fait.

Lambert salua :

— A ce soir, — dit-il.

— A ce soir! — répondit Rosine.

— A quelle heure se met-on à table ?

— A sept heures et demie.

— Je serai ici à sept heures un quart.

— Bon.

— Votre camériste sera prévenue ?

— Elle le sera.

— Et j'attendrai ?...

— Là !

Rosine désigna sa chambre.

— Très-bien !

Lambert prit son chapeau, qu'il avait dé-
posé sur un meuble, — salua de nouveau,
— et sortit.

Rosine, — demeurée seule dans le salon,
— resta, — un moment, — immobile et
pensive.

— Quelle drôle d'idée ! — fit-elle en ré-
pondant à ses propres pensées et en mor-
dant, — de l'extrémité de ses dents blan-
ches et aiguës, — le petit bout rosé de l'in-
dex de sa main gauche.

« Qu'est-ce qu'il veut donc faire au bout
de tout cela ?

« Ah ! bah ! je m'en moque bien !...

« Après moi la fin du monde ! »

Et, — sur cette conclusion éminemment philosophique, — Rosine pirouetta lestement sur ses pointes, — fit un fromage, — de dimension à lutter avec le dôme des Invalides, — avec sa jupe de moire rose crinolinée outre mesure, — et s'élança vers la salle à manger, — en laissant échapper de son gosier sonore, une vocalise plus *bruyante* que *brillante*.

Dans la salle, le couvert était mis.

— Superbe ! — dit la jeune femme en s'extasiant. — Cela vous a un *chic* tout à fait numéro un !

Si le prince n'est pas ébloui, — fasciné,
— calciné, — fantasmagorisé, — je le dé-
clare d'avance parfaitement stupide ! »

Une femme de chambre, — au nez re-
troussé, — à l'œil insolent, — à la démar-
che leste et pimpante, — aux allures plus
que familières, — entra dans la salle à manger par une porte opposée.

— Eh bien ! — fit-elle, — êtes-vous con-
tente ?

— Enchantée, — Marguerite ! — répondit
Rosine.

— C'est un peu stylé ! hein ?

— Magnifique.

Un violent coup de sonnette retentit dans l'antichambre et vibra longuement.

— Déjà quelqu'un ! — dit Rosine.

— Oh ! — fit Marguerite, — il est trop tôt.

— Qui est-ce qui peut venir alors ?

— Ce n'est pas malin à deviner, — si ce n'est pas un invité, — c'est pour sûr un créancier.

Rosine fit la moue.

— Lequel cela peut-il être ? — dit-elle.

— Ah dame ! on ne sait pas ! Il y en a tant !

— Va ouvrir, et dis que je n'y suis pas.

Marguerite sortit lestement.

Rosine attendit dans la salle à manger.

Le bruit d'une porte qui s'ouvrait retentit dans la pièce précédente.

Il s'écoula un silence...

Puis des éclats de voix assez bruyants parvinrent jusqu'aux oreilles attentives de la jeune femme.

— Allons bon ! — murmura Rosine, — c'est cette grande araignée de couturière !...

Qu'est-ce qu'elle veut encore?

De l'argent? *Bernique!* il n'y a pas un *monaco* dans la potiche de ma chambre.

Qu'elle attende!... »

Et Rosine prit un siége et s'y installa tranquillement.

Cependant les éclats de voix, — loin de se calmer, — semblaient augmenter de force, — et la conversation, — ayant lieu dans l'antichambre, — menaçait évidemment de dégénérer en dispute.

Rosine attendit encore, — puis, impatientée sans doute, — elle se leva et marcha vers la porte.

Mais, — au lieu de l'ouvrir, — elle s'arrêta, — la main posée sur la serrure, — et, — prêtant l'oreille, — elle écouta, — le corps penché en avant.

— Puisque je vous dis qu'elle n'y est pas ! — criait une voix.

C'était celle de Marguerite.

— Et moi je vous dis qu'elle y est ! — répondit un organe criard et désagréable.

— Madame n'y est pas !

— Elle y est si bien qu'elle vient de rentrer, et qu'elle a du monde à dîner.

— Qu'en savez-vous ?

— La portière me l'a dit.

— C'est une bavarde.

— C'est possible, — mais je veux entrer.

— Madame ne reçoit pas !

— Connu ! elle reçoit quand on apporte, et elle ne reçoit pas quand on vient toucher.

— C'est vous alors qui ne recevez pas ! — dit Marguerite en riant.

— Voulez-vous avertir votre maîtresse ?

— A quoi cela avancera-t-il ?

— Elle saura que je suis là !

— Après ?

— Elle me payera.

— Avec quoi ?

— Avec de l'argent.

— Et où en prendra-t-elle ?

— Où elle voudra ! Elle n'est pas embar-
rassée.

— Justement si, — elle l'est, — embar-
rassée.

— Eh bien ! si elle n'avait pas le sou pour
payer, — il ne fallait pas qu'elle fît des
commandes. — D'ailleurs, cela ne me regarde pas ! — Elle me doit, — je veux mon
argent !

— Mais, entêtée que vous êtes...

— J'ai à payer demain et il faut bien que
je touche aujourd'hui.

— Écoutez donc !

— Rien !

— Mais...

— Mon argent !

— Madame...

— Mon argent !

— Puisqu'il n'y en a pas !

— Je vous dis qu'il faut qu'elle en trouve !
— D'ailleurs, j'en veux, et je ne sors pas
d'ici sans être payée, — dussé-je y rester
jusqu'à demain matin !

Et l'on entendit le bruit aigu des pieds

d'une chaise criant sur le carreau. — Puis
ce bruit fut terminé par celui d'un choc
violent.

Il était évident que la créancière venait
de s'installer dans l'antichambre d'une façon
immuable.

Rosine frappa du pied avec colère.

Six heures et demie sonnèrent.

— Si le prince arrivait, — murmura la
jeune femme, — ça serait du propre ! Moi
qui ai posé pour le sentiment et le désinté-
ressement.

« Allons ! il faut en finir. »

Et, — ouvrant brusquement la porte, — elle fit un pas en avant.

Au milieu de l'antichambre, — se tenant — assise, — posée carrément sur son siége, — comme un sénateur romain sur sa chaise curule, — était une femme, — grande, — sèche, — maigre, — au teint olivâtre, — aux yeux animés, — à la physionomie bilieuse.

Cette créature, — d'aspect peu agréable, — était enveloppée dans un énorme châle tartan à nuances foncées, — sous lequel disparaissait, — aux trois quarts, — une robe de soie noire.

Marguerite était, — debout, — devant elle.

En apercevant Rosine, — la femme maigre se dressa, comme mue par un ressort.

— Ah ! — fit-elle d'un air triomphant, — je savais bien qu'elle y était.

— Madame, — dit vivement Marguerite, — madame Leneveu veut absolument vous parler !

— Oui ! je le veux ! — dit la couturière.

— Qu'est-ce qui vous amène ? — demanda Rosine.

Madame Leneveu, — au lieu de répondre, — fouilla dans sa poche, — y prit un papier froissé et le présenta, — tout grand ouvert, — à la jeune femme.

Celle-ci lança sur le papier un regard dédaigneux.

— Ma note? — fit-elle.

— Oui! — répondit la couturière.

— Je la connais! C'est la troisième que vous me présentez.

— Alors?...

— Vous pouvez la remporter.

— Hein?

— Je n'ai pas de monnaie.

— Il m'en faut !

— Je n'en ai pas !

— Mais...

— Oh ! — s'écria Rosine avec colère. — Est-ce que nous allons recommencer ! — Croyez-vous que, — si j'avais de l'argent, — je vous laisserais crier comme cela dans mon antichambre ! — Pas le sou aujourd'hui ! — Repassez un autre jour, — ma chère !

— J'ai à payer demain !

— Vous êtes bien heureuse que ce ne soit que demain. Moi, j'ai à payer tous les jours.

— Mon argent !

— La semaine prochaine.

— Ma petite, — fit madame Leneveu d'un

ton menaçant, — j'ai eu assez de patience.
Depuis trois mois vous me remettez de semaine en semaine : ça ne peut plus durer.
— Je ne paye pas mes dettes avec des pro-
messes, — moi. — Il me faut mon argent !

— Puisque je vous dis que je n'en ai pas.

— Quand on n'a pas le sou pour payer
ses créanciers, — on ne donne pas à dîner à
ses amis !

— Hein? — fit Rosine en devenant cra-
moisie de colère.

— Je dis la vérité ! — dit madame Leneveu.

La sonnette, — violemment agitée, — interrompit la conversation.

Rosine et Marguerite se regardèrent avec inquiétude.

— C'est le prince ! — dit la camériste.

— Le prince ? — répéta madame Leneveu

— Chut !...

— Passez par la cuisine ! — dit vivement Rosine à la couturière.

Celle-ci s'approcha de l'actrice :

— C'est un prince que vous attendez ? — dit-elle.

— Oui, — répondit Rosine.

— Un vrai prince ?

— Oui...

— Alors... *motus !* je file !... Je reviendrai la semaine prochaine.

— Dis à Germain d'ouvrir ! — fit Rosine en rentrant vivement dans la salle à manger.

Marguerite entraînait madame Leneveu, tandis qu'un domestique en livrée pénétrait dans l'antichambre, — se dirigeant vers la porte.

— Dites donc, — petite, — fit la couturière d'un ton très-radouci et en gagnant la cuisine qui était encombrée de marmitons de chez Potel, — c'est vrai, ce qu'elle dit ?

— Quoi ? — demanda Marguerite.

— Qu'elle attendait un prince ?

— Oui !

— Quel prince ?

— Un Valaque.

— Riche ?

— A millions !

— Et amoureux ?

— Comme une dinde !

— Bigre ! — Et moi qui la croyais toujours toquée de son jeune premier du boulevard du Temple.

— Ah ! ouich ! c'est fini !

— Depuis quand ?

— Depuis trois jours !

— Bien ! bien ! bien !

— Ca vous fait réfléchir ?

— Dame !... oui !... J'ai eu tort de lui demander de l'argent.

— Quand je vous disais de vous en aller.

— Ecoutez donc ! je croyais que c'était une couleur, et depuis le temps qu'elle perd avec son *gandin*, elle ne fait rien faire. J'ai cru qu'ils allaient se marier, et ma foi ! vous comprenez...

— Oui, du moment que ça se moralisait vous coupiez court au crédit.

— Écoutez donc ! chacun pour soi !

— En attendant, vous allez perdre la pratique.

— Vous croyez ?

— Cela se pourrait bien.

Madame Lenevéu fit la grimace.

Puis tirant de sa poche une pièce de vingt francs qu'elle glissa dans la main de Marguerite :

— Tâchez d'arranger cela ! — dit-elle.

Et la couturière, — qui était montée par le grand escalier, — fière, — arrogante, — insolente, descendit par l'escalier de service, — polie, — rampante — et repentante.

C'est que la respectable fournisseuse avait

cru tout d'abord monter chez une femme qui allait renoncer à la vie de la bohême élégante, pour épouser un homme de sa condition, et qu'elle descendait convaincue que sa cliente était plus que jamais dans la voie du vice que la couturière exploitait si bien au profit de sa caisse.

— Cela t'apprendra à venir nous déranger ! — fit Marguerite en repoussant la porte d'une main et en glissant de l'autre la pièce de vingt francs dans la poche de son tablier blanc.

Puis, — se retournant vers Germain qui rentrait dans la cuisine :

— Qui a sonné ? — demanda-t-elle.

— M. de Rueil.

On sonna de nouveau : Germain courut ouvrir.

— Qui ? — demanda encore la soubrette.

— M. Raymond et madame Saint-Charles.

— Rosalba ?

— Oui.

— Et mademoiselle Maryland ?

— Elle n'est pas encore arrivée.

— C'est celle-là que j'aime le mieux.

— Et moi aussi !

— Ah ! j'entrerais bien chez elle.

La sonnette retentit encore, mais cette fois ce fut à la porte de l'escalier de service.

— C'est le pâtissier ! — dit Marguerite en allant ouvrir.

Mais elle s'arrêta, — stupéfaite, — sur le seuil.

Un homme était en face d'elle, et cet homme, — à la carrure athlétique, aux vêtements délabrés, aux allures grossières, était le même que celui que nous avons rencontré à la porte du boulanger et qui avait paru si fortement impressionné par la scène que nous avons décrite.

Cet homme écarta la femme de chambre, — entra dans la cuisine, — et levant le nez, — il aspira à pleines narines les émanations s'échappant des fourneaux.

— Hum ! — fit-il, — ça sent un peu le

fricot, ici ! Plus que ca de nanan ! Excusez !
sœusœur reçoit donc des ambassadeurs ? En
voilà une *occase !*

XIX

Les invités.

— Bonjour, — Charles, — avait dit Rosine en tendant familièrement sa petite main
à M. de Rueil, — alors que celui-ci était entré dans le salon, — au moment même où
madame Leneveu s'esquivait par la cuisine.

— Bonjour, ma belle, — avait répondu Charles.

— Ça va bien ?

— Très-bien !

— Et Lucien ?

— Il ne viendra pas.

— Comment ?

— Il vient de me faire dire de vous prier de l'excuser.

— Eh bien ! il est gentil, ce gros bonhomme-là !

— Il a été empêché.

— Oui ! il court après quelque cotillon et il nous plante là pour aller dîner à la Maison-d'Or.

— Je ne sais où il est ni qui a pu l'empêcher. Je ne l'ai pas vu.

— Pas d'aujourd'hui ?

— Si fait, — nous avions déjeuné ce matin ensemble chez de Launay.

— Ah ! Et comment va-t-il, le petit vicomte ?

— Mal !

— Il est malade ?

— Pas lui, — mais sa fortune.

— Oh ! moi, je la crois morte.

— Et lui aussi, — car il nous avait invités
aujourd'hui pour l'enterrer.

— Une jolie idée qu'il a eue là !

— Rosine ! — dit tout à coup Charles en

changeant de ton, — vous avez M. Raymond à dîner.

— Oui, — répondit Rosine.

— Et vous venez de recevoir une visite?

— Quand?

— A l'instant!

— Quoi! vous avez entendu?...

— Non, — mais je sais.

— Comment! cette affreuse madame Leneveu a été vous raconter....

— Quelle madame Leneveu?

— Eh bien! ma couturière.

— Il ne s'agit pas de votre couturière!

— De qui donc?

— De la visite que vous avez reçue.

— Quand cela ?

— Il y a une heure peut-être.

— Tiens ! tiens ! tiens !

Rosine regarda Charles.

— Lambert ! — dit simplement celui-ci.

— Quoi ! vous savez ? — fit Rosine avec étonnement.

— Je sais tout !

— Qui vous a dit ?...

— Lui-même.

— Vous l'avez vu ?

— Oui.

— Quand donc ?

— Je le quitte il y a cinq minutes.

— Et il vous a dit qu'il sortait de chez moi ?

— Oui, et il m'a conté ce qui avait été convenu entre vous ?

— Pas possible !

— Je vous l'affirme.

Rosine frappa ses deux petites mains l'une contre l'autre.

— C'était bien la peine qu'il me recommandât le secret ! — s'écria-t-elle avec impatience.

— Je suis son meilleur ami, — reprit Charles.

— Alors vous savez...

— Tout ! — je vous le répète.

— Il vous a dit qu'il serait ici à sept heures un quart ?

— Oui.

— Et ce qu'il venait faire ?

— Oui.

— Qu'est-ce que vous en pensez ?

— Qu'il a raison.

— Et Raymond ?

— S'il n'est pas content, — je suis là !

— Oh ! mon petit Charles, — s'écria Rosine en saisissant les mains de son interlocuteur, — n'allez pas faire la bêtise de vous battre avec cet être là !

Charles allait répondre quand Germain

avait ouvert la porte du salon et avait an-
noncé M. Raymond et madame de Saint-
Charles.

— Chut! — fit M. de Rueil en se levant.

— Bonjour, — Rosalba! — Bonjour,
Raymond! — dit Rosine en allant au-devant
de ses invités.

M. Raymond et M. de Rueil échangèrent
un salut en hommes ne se connaissant pas.

Rosine s'occupait de Rosalba qui rajustait
sa toilette.

— Mademoiselle Maryland! — annonça
le valet.

Un frou-frou soyeux se fit entendre et une
énorme robe de couleur tendre, — toute
encombrée de dentelles, — de broderies, —

de volants, — fit irruption dans le salon
dont elle envahit immédiatement un quart
d'étendue.

Surmontant cette robe, — qui eut attiré
l'œil à cinq cents pas de distance, — une
petite tête ronde, — tout encadrée dans
un flot de soyeux cheveux d'un blond cen-
dré, — à la physionomie vive, — animée,
— espiègle, — aux grands yeux hardis et se
dégageant sous les dentelles d'un chapeau
de la meilleure faiseuse.

— Bonsoir, Tata ! — dirent les deux femmes.

— Bonsoir, — mes choux, — répondit
mademoiselle Maryland.

« Eh bien ! — continua-t-elle en regardant

autour d'elle, — il n'y a encore que Raymond et Charles ici ? moi qui croyais arriver la dernière pour faire de l'effet. — J'ai manqué mon entrée.

— C'est gracieux pour nous, ce que vous dites-là ! — fit Charles en souriant doucement.

— Bah ! Il y a si longtemps que nous nous connaissons ! — Et puis, — mon petit Charles, — vous savez bien que je n'ai pas l'intention de vous dire des choses désagréables, — à vous !

Et Tata appuya sur ce dernier mot avec une attention manifeste et en regardant hardiment Raymond.

Celui-ci sourit, — et, — s'avançant :

— Et à moi ? — fit-il.

— Oh ! vous, — mon cher, — reprit Tata, — vous savez que je ne vous aime guères et que je ne vous aimerai jamais.

— Que voulez-vous, — ma belle, — j'aime à faire partie des rares exceptions !

A cette impertinence formulée du ton le plus gracieusement poli, — Tata se redressa et un double éclair jaillit de son regard :

— Mon petit, — dit-elle, — si vous voulez que nous nous *empoignions* tous les deux, ce sera tant pis pour vous, — car, — si vous êtes plus gros que moi, — il y a aussi plus de prise.

— Vous croyez, — ma belle ? — dit Raymond d'un air impertinent.

Tata le prit par le bras :

— Dites donc, — fit-elle à voix basse, — si je vous demandais devant tout le monde, comment se porte le soufflet que vous avez reçu l'autre jour au bois de Boulogne, — qu'est-ce que vous répondriez, hein ?

Raymond devint très-pâle.

— Tata ! — fit-il d'un ton menaçant.

— Eh bien, après ! — dit Maryland, sans abaisser ses longues paupières soyeuses devant le regard étincelant de son interlocuteur.

« Il est bien à vous, celui-là, puisque vous l'avez encaissé?

« Et j'ajouterai, que c'est pour cela que

je suis sûre de ne jamais vous aimer, — car
je ne peux souffrir les lâches ! »

— Mademoiselle !

Raymond était blême de rage concentrée.

— Ah ! — continua Tata avec sa railleuse
impassibilité, — ce que je vous dis là tout
bas, — je vous le répéterai tout haut si vous
le voulez.

« Maintenant, — à votre aise. — Quand
vous voudrez commencer la guerre, je suis
prête à tirer ! »

Et Tata, — saluant ironiquement, —
quitta Raymond pour se diriger vers Charles.

Celui-ci s'était tenu hors de portée d'entendre la courte conversation qui venait

d'avoir lieu, — mais, — cependant, — à l'expression de son regard, — on eût pu supposer qu'il en avait compris tous les moindres détails.

Tendant la main à Tata, — il lui sourit amicalement.

— Le feu est commencé ! — dit la jeune femme en faisant bouffer sa jupe.

— Vous êtes charmante, — ma chère !

— Où le dit-on, mon bon ?

D'autres invités survenaient : parmi eux était le prince.

Le prince était ford laid, — très-vieux, — tout ridé, — tout recroquevillé, — et il avait cet air parfaitement stupide d'un homme

usé, — avant l'âge, — par l'abus des plai-
sirs.

Sa perruque noire avait quelque chose
de soyeux et de miroitant, qui lui donnait
l'aspect d'un bonnet à poils de grenadier
de la garde.

Son visage ridé était couvert de pâte. —
Il avait du rouge aux joues, — du blanc au
menton, — du noir aux sourcils, — et du
bleu au front pour imiter les veines des
tempes.

Sa barbe noire ressemblait à la perruque
et devait être également postiche.

C'était une peinture complète, — mais
une peinture mal réussie.

Grand, — sec, — raide et empesé, — il

avait l'apparence d'une mécanique et il eût pu prendre pour pendant M. Buchené, — le père de la jolie mariée.

Mais ce qui brillait, — dans l'ensemble du prince, — c'était une profusion étrange de diamants, répandus sur tous les points de son costume.

Il avait l'air de la boutique d'un joaillier, et un Anglais eût pu le prendre pour l'un de ces *hommes-affiches* qui sillonnent les rues de Londres.

Les diamants brillaient de ses pieds à sa tête! il en avait partout : — au col de sa chemise, — au jabot, — aux boutons de son gilet, — à sa chaîne de montre, — à ses doigts, — et il devait, — bien certainement, — en avoir dans ses poches.

Rosine et ses compagnes demeuraient éblouies.

En ce moment, Marcelle, — la fille de la mère Potard, — fit timidement son entrée dans le salon.

C'était une jeune et jolie personne, — mise simplement, — mais dont l'ensemble ne manquait pas d'une certaine distinction.

Rosine alla au-devant d'elle et la présenta à la partie féminine de l'assemblée.

Il était alors sept heures un quart.

Charles et Tata causaient à voix basse.

Raymond, — s'isolant dans un angle, — jetait autour de lui un regard investigateur.

— Ouais ! — se disait-il en lui-même, — que signifie tout cela ?

Voudrait-on jouer au fin avec moi, et me prendrait-on pour un sot ?

Cette Tata m'a tout l'air d'être d'accord avec ce M. de Rueil, que j'ai aperçu tantôt chez Lécrou.

Il a suivi Eulalie... que lui voulait-il ?

Eulalie lui aurait-elle raconté.... »

Raymond s'arrêta :

— C'est impossible !— reprit-il après un silence. — Il y a évidemment erreur de ma part.

M. de Rueil ne peut être mêlé en rien dans toute cette affaire. — Quel intérêt aurait-il ?

Non ! — non ! — j'allais trop loin dans mes suppositions.

Tata m'a glissé une impertinence, — parce que les impertinences fond le fond ordinaire de sa conversation...

Mais je suis, bien certain que... »

Raymond s'arrêta encore, — mais cette fois ce n'était pas à sa propre pensée qu'il obéissait.

Un incident venait d'interrompre brusquement son monologue.

Cet incident, c'était l'entrée en scène d'un nouveau personnage.

La porte du salon s'était ouverte, et Germain venait d'annoncer à voix haute :

— M. Lambert d'Arcourt,

— Allons! — murmura Raymond, — décidément c'est un piége, — mais rira bien qui rira le dernier.

XX

Avant dîner.

En pénétrant dans le salon de Rosine, —
Lambert s'était arrêté un moment sur le
seuil.

Son regard avait rapidement parcouru la
pièce, — interrogeant le visage des invités.

Puis, — ce regard avait rencontré la physionomie franche et sympathique dé Charles d'abord, — et celle assombrie et hautaine de Raymond.

L'œil de Lambert avait lancé, — sur l'un, — son plus doux rayonnement, — et sur l'autre, — un éclair rapide et plein d'étincelles jaillissantes.

S'avançant vers Rosine, — il avait salué poliment la jeune femme, — s'était incliné devant les invités et il avait, — ensuite, — été serrer les mains de M. de Rueil.

— Lucien ? — dit-il à voix basse.

— Il ne viendra pas, — répondit Charles sur le même ton.

— Il ne viendra pas ?

— Non.

— Pourquoi ?

— Je l'ignore.

— Mais il était invité ?

— Oui.

— Il devait venir ?

— Oui.

— Eh bien ?

— Il m'a fait dire tout à l'heure de ne pas compter sur lui, et il m'a chargé de présenter ses excuses à Rosine.

— Quel motif l'a empêché de se rendre ici ?

— Je ne sais. Son valet de pied est venu me prévenir sans me donner d'autre explication.

— Cela est fâcheux.

— Bah ! qu'as-tu besoin de sa présence ?

— J'aurais voulu qu'il fût témoin de ce qui va s'accomplir.

— Tu es donc résolu ?

— Toujours !

— Tu sais ce que je t'ai proposé ?

— Oui, mais je n'accepte pas !

Et Lambert, — passant derrière Charles, — alla tendre la main à Tata.

— C'est commencé ! — dit mademoiselle Maryland.

— Bah ! — fit Lambert.

— Oui, et je vous attendais avec impatience.

— Cela vous amuse donc?

— Énormément.

— Tant mieux.

— Ça durera longtemps, hein?

Lambert sourit :

— Je ne le crois pas! — dit-il.

Les autres invités causaient ensemble.

Rosine s'était rapprochée du *prince-pastel* et minaudait devant lui avec un talent qu'elle n'avait pas d'ordinaire de l'autre côté de la rampe.

Raymond, — isolé dans un angle, — parcourait une *Revue* qu'il venait de prendre sur une *table de Boule.*

Lambert, — en quittant Rosine, marcha doucement vers Raymond.

Celui-ci le vit venir à lui du coin de l'œil, — mais, — il ne bougea pas, — il ne sourcilla pas, — il attendit, — impassible et silencieux.

— Monsieur Raymond! — dit Lambert à voix basse.

— Monsieur d'Arcourt? — répondit Raymond en se redressant comme un lutteur qui s'apprête à un combat qu'il sait devoir être sérieux.

— Vous ne vous attendiez pas à me voir ce soir?

— Je l'avoue.

— Et cela doit vous faire plaisir de me rencontrer?

— Je suis trop poli pour dire le contraire.

— D'ailleurs vous le diriez que je ne vous croirais pas.

— En vérité?

— En vérité !

Les deux hommes se regardèrent : un léger silence suivit le défi muet qu'ils échangèrent.

— Et pourquoi pensez-vous que j'aie plaisir à vous rencontrer? — reprit Raymond.

— Pourquoi? — répéta Lambert.

— Oui.

— Vous le savez bien !

— Non pas !

— Vraiment ?

— Je ne m'en doute pas.

— Cependant vous me cherchez partout !

— Moi ?

— Vous-même.

— Pas que je sache.

— Ou, — si vous aimez mieux, — vous me faites chercher avec un acharnement remarquable.

— Ah ! ah !

— Vous ne niez pas ?

— Vous savez ?...

— Que les gardes du commerce sont à mes trousses ? — **Je le sais.**

— Très-bien !

— Vous leur avez promis cinq cents francs pour ma capture.

— Vous croyez ?

— J'en suis sûr !

— Je suis trop bien élevé pour vous démentir.

— Alors, vous avouez ?

— Quoi ?

— Que vous me faites poursuivre ?.

— Est-ce mon droit ?

— Légalement oui.

— Qu'avez-vous donc à me reprocher?

— Rien.

— Alors...

— Alors, — interrompit Lambert d'une voix sifflante, — comme je sais que vous me poursuivez activement, — comme je sais que demain matin je serai arrêté, — comme je sais enfin qu'une fois à Clichy je serai à votre merci, — j'ai voulu vous voir ce soir et je suis venu ici, — bien certain de vous y trouver.

— Vous vouliez me parler?

— Oui.

— Pourquoi n'être pas venu chez moi?

— Chez vous?

— Vous ai-je jamais fait défendre ma porte?

Lambert haussa les épaules.

— Chez vous nous eussions été seuls et j'ai besoin de témoins pour la scène qui va avoir lieu entre nous! — Vous savez, — par expérience, — cher monsieur Raymond, — que lorsqu'on vous soufflète seul à seul, vous ramassez le soufflet et gardez pour vous la honte sans demander raison de l'affront!

Vous êtes un lâche! — monsieur Raymond, — vous le savez, — je le sais aussi, — mais d'autres l'ignorent et il faut que tous le sachent! »

En parlant ainsi, — Lambert, l'œil enflammé, — la voix mordante, s'était rapproché de Raymond, — si près, — que les deux hommes se touchaient presque.

Raymond était devenu excessivement pâle, — mais il ne recula point.

Au reste les paroles de Lambert avaient été prononcées à voix tellement basse, que personne n'avait pu les entendre.

Raymond se remit promptement.

— Donc, — dit-il d'une voix nette et calme, — que voulez-vous?

— Ce que je veux? — fit Lambert.

— Oui.

— Vous le saurez?...

— Quand?

— Quand nous serons à table.

— Ah! ah! c'est un esclandre public qu'il vous faut?

— Oui.

— Vous êtes décidé?

— Parfaitement!

— Très-bien !

— Et vous?

— Moi, — je suis prêt! — Vous voulez remuer de la boue? — Soit! — Tant pis pour celle qui rejaillira sur vous.

— Je ne crains pas les éclaboussures !

— Et les flétrissures? — fit Raymond en souriant.

Lambert fit un geste comme pour s'élancer, — mais il se retint et se contint avec un effort violent, — manifeste, — impérieux.

Raymond soutint le regard de flamme dardé sur lui.

— J'ai toutes mes notes, — dit-il. — Quand vous voudrez commencer le feu, — je suis prêt !

— Voulez-vous vous battre? — reprit Lambert.

— Avec vous?

— Oui !

— Non !

— Non?

— Mille fois non !

— Vous êtes décidé?

— Tout à fait !

— Alors, — je n'ai plus rien à vous dire,
— pour le moment du moins !

Et Lambert, pirouettant sur ses talons,
tourna le dos à Raymond.

— Allons ! — murmura celui-ci, — l'affaire se complique. — J'ai fait une folie de
venir seul ici !

J'aurais dû amener avec moi Julien.

Bah ! nous verrons bien !

Qu'il m'attaque, — soit, — je suis prêt,
et le petit drôle ne s'attend guère à la riposte !

Bouledogue doit être en bas, — il a dû voir
entrer ici Lambert, — et il aura agi en con-
séquence.

Ah ! — on me menace !...

Morbleu ! — tant pis pour ceux qui auront levé la main ! »

Lambert avait été rejoindre Charles.

Il était un peu pâle, ses paupières étaient
rouges, les veines de ses yeux gonflées, —
on devinait qu'une forte émotion agitait sa
poitrine.

Charles lui prit les mains :

— Pauvre ami ! — dit-il, — la partie est
rude !

— Oui, — répondit Lambert avec un
accent énergique, — mais je la jouerai sans
faiblir !

— Jusqu'au bout ?

— Jusqu'au bout !

Rosine continuait à étaler ses grâces devant le *prince-pastel*, — lequel se posait, — se pavanait, — se recarrait, — comme un dindon dans une basse-cour.

En ce moment la porte du salon s'ouvrit discrètement et une tête apparut dans l'entrebâillement des battants.

Cette tête était celle de Marguerite, — la camériste.

— Madame veut-elle venir ? — dit-elle.

Rosine se retourna avec étonnement : Marguerite lui adressa un signe mystérieux.

— Si madame voulait venir ? — répéta la camériste.

— Pardonnez-moi ! — dit Rosine à ses invités et en traversant la pièce.

Puis s'adressant à Marguerite :

— La Leneveu n'est pas partie ? — dit-elle.

— Si ! Elle est loin, — répondit a camériste.

— Eh bien ! qu'est-ce qu'il y a encore ?

— Il y a... votre frère !

— Mon frère ?

— Oui.

— Qu'est-ce qu'il veut ?

— De l'argent aussi probablement, — comme à l'ordinaire.

— Dis-lui de venir demain.

— Ah bien oui ! il a une autre idée !

— Quelle idée ?

— Il veut dîner avec vous !

— Hein ? — dit Rosine en tressaillant.

Et se retournant vers ses invités qui causaient à l'autre extrémité du salon :

— Excusez-moi, — dit-elle, — je suis à
vous dans un instant.

Et elle quitta la pièce.

— Où est Auguste ? — demanda-t-elle.

— Dans la salle à manger, — répondit
Marguerite, — il est entré de force jusque-
là.

— Eh bien, va ! et veille surtout à ce que

personne ne puisse entrer ni nous sur-
prendre.

— Soyez calme ! — fit Marguerite en s'é-
loignant.

Rosine se dirigea vers la salle à manger
resplendissante de lumière.

— Les créanciers ! Le frère ! — murmura-t-elle en ouvrant la porte. — Quelle
satanée existence !

Celui que nous avons précédemment
qualifié du titre de *bandit*, — ignorant son
nom, — et nous basant, pour le désigner,
sur l'aspect de sa personne, — était dans la
pièce destinée au dîner, — rôdant autour de
la table et examinant tout avec une attention
empreinte d'une admiration naïve.

Rosine, — en voyant son frère, — lança,
— involontairement sans doute, — un coup
d'œil rapide sur les couverts d'argent, —
comme pour s'assurer qu'aucun ne manquait.

Auguste surprit ce regard, — le comprit,
— et se mit à rire.

— Comme on me connaît! — dit-il. —
Bonsoir, ma biche!—mais rassure-toi! Rien
dans les poches. Vide absolu partout!

— Et c'est ce vide qui t'amène? — dit
Rosine.

— Non.

L'actrice regarda son frère avec un étonnement manifeste.

— Tu ne viens pas me demander d'argent? — fit-elle.

— Pas un *monaco* ! — répondit Auguste.

— Et tu n'as pas le sou ?

— Rien de rien !

— Alors qu'est-ce que tu veux donc?

— Je veux me ranger.

— Te ranger ?

— Oui.

— Des voitures quand tu es gris, — je comprends !

— Pas cela.

— Quoi donc?

— Je veux me ranger et avoir une famille,

— c'est pourquoi je viens te demander à dîner sans plus de façon.

— Tu veux dîner avec moi ?

— Un peu !... c'est-à-dire beaucoup.

— Mais j'ai du monde.

— Tant mieux ! des amis ! nous ferons connaissance ! je serai aimable ! — Tu verras !

Rosine paraissait visiblement inquiète.

— Tu es fou ! — dit-elle.

— J'ai seulement pas bu ! — répondit Auguste.

— Alors tu veux me faire poser.

— Mais non !

— Voyons ! — dit la jeune femme d'un

ton brusque, — qu'est-ce que tu veux ? Parle vivement et clairement, — je n'ai pas le temps de t'écouter longuement.

— Bon ! — fit Auguste, — on accordera bien quelques minutes à son frère.

— Que veux-tu ?

— Je vais te le dire.

XXI

Route de Versailles

Sur la route impériale de Sèvres à Versailles, — passé les bois de Ville-d'Avray et quelques kilomètres avant les murs de l'ancienne résidence royale, — s'élève, — bordant la chaussée, — une maison d'assez mesquine apparence.

Deux étages sur la route, — un corps de bâtiment plus élevé sur le derrière, — une grande cour encombrée de fumier et de paille sèche, — une énorme porte cochère laissant apercevoir, — en perspective, — une basse-cour, — forment l'ensemble principal.

Au-dessus de la porte, — on lit, — écrit en gros caractères :

Ici — on loge à pied et à cheval.

A gauche de la porte est une boutique de marchand de vin, à la porte vitrée et aux fenêtres garnies intérieurement de rideaux rouges.

Cette maison, — jadis auberge fort achalandée, — mais ruinée par les chemins de fer, — a toute l'apparence d'une sentinelle avancée sur la grande route pour arrêter les passants et leur défendre d'aller plus loin.

A l'heure où nous arrivons devant cette maison — (il est sept heures et demie), le crépuscule commence à assombrir l'horizon et la bâtisse se dessine en noir sur le ciel clair.

Aucun chaland n'était dans la boutique, le comptoir était désert et l'auberge paraissait presque inhabitée.

Comme sept heures et demie sonnaient cependant, et comme un coq magnifique faisait entendre son cri sonore, deux hommes assez pauvrement vêtus descendirent par l'escalier communiquant du premier étage à la boutique.

Ces deux hommes causaient et paraissaient vivement préoccupés.

— Ainsi, — Pierre, disait l'un, — le vieux n'est pas revenu ?

— Non, — Jacques, — répondit l'autre.

— Il a été à Paris ?

— Oui.

— Il avait dit qu'il rapporterait de l'argent ?

— Oui.

— Et il n'est pas revenu. — Tu vois que j'avais raison.

— C'est possible.

— Alors...

— Je vais flanquer la famille à la porte.

— Avant cette nuit ?

— Avant cette nuit.

— Il faut qu'ils couchent à la belle étoile, — tu entends.

— Ils y coucheront.

— M. David l'a expressément recommandé.

— Il tient à ce qu'ils s'enrhument ?

— Il paraîtrait.

— Eh bien ! ils s'enrhumeront.

— Ne va pas te laisser attendrir.

Pierre haussa les épaules.

— Est-ce que je suis assez bête pour cela ? — dit-il.

— Dame! on ne sait pas!

— Ouich!... je le sais, moi. — Je les verrais se pâmer de faim que je ne leur donnerais pas seulement un verre d'eau.

— M. David l'a défendu.

— Connu.

— Tu vas exécuter?

— Sur l'heure.

— Avant que le vieux ne soit revenu?

— Naturellement. — J'aime même autant qu'il ne soit pas là.

— Pourquoi?

— Parce qu'il a encore du *chien*, ce vieux gredin-là, et il serait capable, dans un moment de colère...

— Tu as peur ?

— Non ! mais j'aime autant qu'il n'y soit pas.

— Et quand il reviendra ?

— La maison sera fermée.

— Alors ?

— Il cherchera ses poussins où il voudra.

— Mais s'il entre ?

— Il n'entrera pas : je n'ouvrirai point.

— Va donc !

— J'y vais.

Les deux hommes se séparèrent sur le seuil de la porte.

— Où vas-tu ? — cria Pierre en voyant Jacques s'éloigner.

— A Versailles, — répondit Jacques.

— Tu reviendras?

— Cette nuit.

— A quelle heure ?

— Je ne sais pas.

— Tu as le passe-partout ?

— Oui.

— Alors, bonsoir.

— Bonsoir.

Et Jacques disparut dans l'obscurité naissante.

Pierre gagna la porte cochère, — pénétra sous la voûte, — traversa la cour et atteignit la porte vitrée du rez-de-chaussée des bâtiments du fond.

Il poussa rudement, — du bout de son sabot, — la porte qui s'ouvrit toute grande.

Une pièce sombre, — humide, — misérable taudis à l'aspect le plus repoussant, s'offrit à ses regards.

Une mauvaise table, — deux chaises et deux couchettes maigrement garnies, formaient tout le mobilier de cet antre, dont il s'échappait une odeur nauséabonde, car il était voisin du poulailler.

Dans l'un des lits, — une femme jeune encore, — mais aux bras amaigris, — au corps grelotant sous une mince et sèche couverture de laine, — se tenait étendue, — poussant d'instant en instant des soupirs douloureux.

Trois petits enfants, — demi-nus, — dont l'aîné avait à peine douze ans et dont le plus jeune comptait cinq ans au plus, — jouaient au pied de la table.

Ces pauvres petits êtres étaient maigres, pâles, décharnés.

On devinait la souffrance, — les privations, — les odieuses atteintes de la misère sur ces jeunes visages.

A l'entrée de Pierre dans le taudis, — les enfants se reculèrent avec crainte et coururent se blottir dans les draps pendants du lit de la malade.

Celle-ci fit un effort pour se soulever.

— Bonjour , monsieur , — balbutia-t-elle.

— C'est pas des bonjours qu'il s'agit, — répondit brutalement Pierre, — c'est d'argent.

— D'argent! — répéta la malade en frissonnant.

— Oui. — Mes soixante francs?

— Mais...

— Les avez-vous?

— Mon père est allé à Paris.

— Je le sais.

— Il n'est pas revenu...

— Je le sais encore : mes soixante francs?

— Vous savez bien que je ne les ai pas.

— Alors il faut filer.

— Filer ? — répéta la malade.

— Oui.

— Demain ?

— Non.

— Quand donc ?

— Aujourd'hui.

— Ce soir ?

— A l'instant même.

— Vous nous mettez à la porte ?

— Oui.

— Moi et mes pauvres enfants ?

— Parbleu ! je n'ai pas l'intention de les garder.

— Mais... monsieur....

— Avez-vous soixante francs à me donner?

— Hélas ! non.

— Vous me devez soixante francs pour un
mois de logement et de nourriture. — Vous
n'avez pas d'argent, — vous ne pouvez
payer, — donc débarrassez-moi le plancher,
— c'est clair.

— Monsieur ! par pitié !

— Bernique.

— Je vous en prie, accordez-moi un jour.

— Il y a trop longtemps que j'accorde.

— Par grâce !

— Mon argent!

— Mais, — attendez mon père !... il va

revenir... il vous apportera votre argent.

— Il ne m'apportera rien du tout. — Voilà dix fois qu'il va à Paris et il en revient toujours les mains vides.

— Cette fois, — il vous payera.

— Je n'attends plus.

— Mais voyez l'état dans lequel je suis.

— Cela ne me regarde pas.

La pauvre femme montrait ses bras de squelette.

— Je ne puis me soutenir, — murmura-t-elle.

— Ce n'est pas mon affaire, — répondit Pierre en détournant la tête.

— Où voulez-vous que nous allions ?

— Où vous voudrez ; dans les champs.

— Mais mes enfants...

— Ce ne sont pas les miens pour que je les nourrisse.

— Ils mourront de faim et de froid.

— Ce sera une économie pour vous, puisque vous ne pouvez les nourrir.

La pauvre malheureuse poussa un cri d'indignation.

— Oh ! — fit-elle d'une voix déchirante. — Dieu vous maudira.

— Bah ! nous verrons bien. Mais il ne s'agit pas de faire des phrases. Débarrassez-moi le plancher et vivement, hein ! En deux temps et quatre mouvements.

La malade, — épuisée, — retomba sur son maigre grabat sans pouvoir répondre.

Pierre attendit un moment en silence, — puis, — faisant un pas en avant, — il se dirigea vers les enfants.

Les pauvres petits qui n'avaient pas fait entendre un soupir, — poussèrent des cris d'effroi.

— Allons, à la porte, tas de *gueulards!* — cria Pierre en étendant les bras.

Les enfants redoublèrent de pleurs en se cramponnant aux draps du lit.

Pierre parvint à saisir l'aîné et l'arracha violemment du lit sur lequel il se roulait.

L'enfant se débattit en sanglotant.

— Oh ! —fit la mère avec un rugissement de lionne blessée.

Et, — oubliant la maladie qui la clouait sur sa couche,—retrouvant ses forces dans un élan de ce sublime amour maternel que toutes les femmes portent en elles, — elle saisit une robe en loques jetée sur le lit, — s'en enveloppa avec rapidité, — et s'élança sur le sol.

— Mon enfant ! — ne touchez pas à mon enfant ! — dit-elle avec un accent tellement impérieux, que Pierre recula en lâchant le petit garçon qu'il avait saisi.

— Tiens ! — fit-il, — le voilà votre *mioche*, est-ce que vous avez peur que je le mange ? — Merci, — il est trop maigre.

La femme embrassait ses trois enfants.

— Ainsi, — dit-elle, — vous nous chassez ?

— Oui, — répondit Pierre.

— Sans vouloir attendre mon père ?

— Filez.

— Sans pitié, sans merci ?

— Mon argent ?

— Venez, mes anges, — dit la malheureuse mère en faisant un effort pour gagner la porte donnant sur la cour. — Dieu ne nous abandonnera pas, lui !

— Filez, filez ! — fit Pierre en poussant un soupir de satisfaction.

La pauvre femme, — faible, — se traî-

nant à peine, — trébuchant à chaque pas,
— tremblant de fièvre et de froid, — portant un enfant, — suivie par les deux autres qui se cramponnaient à ses vêtements,
— s'avança dans la cour.

Elle en parcourut les deux tiers, — mais
manquant de forces, — tout à coup, — elle
s'arrêta et se laissa tomber sur une botte de
paille.

— Allons, — en route, — reprit Pierre
d'une voix rude.

La nuit était venue et la campagne était
noire. Un profond silence régnait au dehors.

Ce silence fut subitement troublé par le
bruit d'une voiture roulant rapidement sur
la grande route.

La malade, — voulant quitter cette maison dont on la chassait si ignominieusement, — fit un nouvel effort pour se redresser, — mais elle ne put y parvenir.

— Allons donc, — allons donc ! — fit Pierre plus brutalement que jamais.

Et il s'avança pour pousser la malheureuse et l'aider à quitter sa demeure inhospitalière, lorsque la voiture, — dont on avait entendu le roulement lointain, — arriva au grand trot devant l'auberge et s'arrêta soudainement.

— Du secours ! — du secours ! — criaient des voix parties de cette voiture qui était une élégante calèche, — y a-t-il un médecin par ici ?

Et avant que Pierre n'eût pu répondre, — deux hommes s'élancèrent à terre.

L'un courut à la boutique du marchand de vin, — l'autre se précipita dans la cour.

Celui-ci en apercevant la jeune femme, s'élança vers elle :

— Mon père ! — s'écria la malade,—ah ! Dieu soit loué ! vous voici revenu.

— Du secours, — du secours ! —criaient toujours des voix féminines partant de l'intérieur de la calèche.

Et dans l'ombre on pouvait voir le corps inanimé d'un homme étendu sur la banquette de devant de l'élégant véhicule.

Et dans l'ombre on pouvait voir le corps
...min d'un homme étendu sur la bau-
...dalle du seuil de l'éternel véhicule.

XXII

Cocher de fiacre.

— Que veux-tu ? — avait demandé à Auguste, Rosine impatientée par la situation dans laquelle elle se trouvait.

— Je vais te le dire ! — avait répondu le bandit.

Tu sais, — sœsœur, — que j'ai toujours

été un pas grand'chose, — un bon à rien,
— un...

— Un rien du tout ! — c'est connu ! —
interrompit Rosine.

— Je me rends justice.

— C'est heureux !

— As pas peur,—on sait à quoi s'en tenir
sur son soi-même !

— Après ?

— J'ai nocé !...

— A qui le dis-tu !

— Oui, t'as payé mes dettes, — t'es une
bonne créature, mais t'as bien aussi des petits reproches à te faire.

— Hein ?

— Suffit ! — motus ! — parlons de moi.

Rosine n'insista pas : elle ne se sentait pas tranquille sur le terrain des écarts.

— Après? — dit-elle, — achève donc !— je n'ai pas le temps de t'écouter jusqu'à demain.

— Après, — poursuivit Auguste, — j'ai mon idée, — voilà !

— Quelle idée ?

— Une qui est dans ma boule.

— Dis donc !

— Je veux travailler !

— Toi ?

— Oui.

— Pas possible !

— Si fait !

— Et depuis quand veux-tu travailler ?

— Depuis une heure.

— Dans deux cette idée sera passée.

— Non !

— Je te connais.

— Je suis décidé.

— Tu es toujours comme cela quand tu
veux me tirer une *carotte*.

— Oui, — mais aujourd'hui, — pas de
carotte.

— Comment ?

— Je veux travailler et comme tu as des
amis, tu me feras protéger par eux.

— Qu'est-ce que tu veux donc faire ?

— Je veux un emploi !

— Lequel ?

— Oh ! un crâne !

— Dis donc !

— Un soigné ! un *chicard !* un... *aux petits oignons* !

— Quel emploi ?

— Un emploi élevé !

— Mais...

— Superbe !

— Lequel ? — s'écria Rosine avec une impatience qu'elle ne pouvait plus contenir.

— Cocher de fiacre ! — dit Auguste en se posant.

— Cocher de fiacre ? — répéta Rosine.

— Oui !

— Toi ?

— Moi-même !

— En voilà une idée !

— Et une bonne !

— Et pourquoi veux-tu être cocher de fiacre ?

— D'abord parce que je serai brouetté toute la journée...

— Ensuite ?

— J'aurai des chevaux et des *pour boire*.

— Après ?

— Je pourrai reconduire à domicile les malheureux qui se meurent de faim.

— Qu'est-ce que tu me chantes-là ?

— Une belle chanson.

— Eh bien ! si tu veux te faire cocher de fiacre, je n'y puis rien.

— Si fait !

— Comment ?

— Tu connais un particulier qui a du foin dans ses bottes.

— Qui ?

— Le Raymond !

— Tu connais Raymond ? — dit Rosine étonnée.

— Un peu que je dis ! — répondit Auguste.

— Comment ?

— Je suis intime avec son garçon d'écurie.

— Eh bien ?

— Eh bien ! il m'a dit que le patron était un richard. — Il doit avoir des actions dans les *Petites Voitures*, — alors, — dis-lui un mot dans le tuyau, — et il me lancera sur un siége !... Tu verras ! — Quel aplomb !... quel chic !... quelle tenue !...

Et Auguste, se campant sur une chaise, — prit la pose d'un cocher dans l'exercice de ses fonctions :

— Eh ! — hop ! — fit-il, — hue ! Coquette !... en avant, la Vénus !... gare là !... Roulez !...

Rosine haussa les épaules.

— Tu es fou ! — dit-elle.

— Moi ? — fit Auguste.

— Oui, — toi !

— Pourquoi cela ?

— Comment veux-tu que, — moi, — j'aille demander pour mou frère une place de cocher de fiacre ?

— Tu ne demanderas rien ! — je demanderai, moi !

— Toi ?

— Eh oui ! — fais-moi dîner avec le Raymond et je...

— Encore ! — s'écria Rosine.

— Tiens ! pourquoi pas ?

— Regarde-toi !

— Eh bien ? — fit Auguste en jetant un coup d'œil sur ses vêtements délabrés.

— Veux-tu dans ce costume te mettre à table avec des gens comme Raymond ?

Le bandit fit entendre un sifflement railleur.

— Il en a eu encore de moins beaux que cela !— fit-il en envoyant un revers de main sur son bourgeron en lambeaux.

— Qui ? — dit Rosine.

— Raymond.

— Raymond a été plus mal mis que toi ?

— Un peu !

— Qu'est-ce que tu racontes-là ?

— La vérité, bibiche, — fais-moi dîner avec lui, — tu verras ! — nous rigolerons ensemble et au dessert nous serons amis comme pochard et pavé !

Rosine regardait Auguste avec de grands yeux étonnés.

— Qu'est-ce que tu veux dire? — fit-elle.

— Invite-moi ! — tu verras !

— C'est impossible !

— Impossible?

— Oui.

— Tu refuses la pâture à Guguste?

— Oui.

— Sœur dénaturée !

— Allons ! en voilà assez ! — File !

Auguste se planta devant Rosine.

— C'est dit? — fit-il.

— Oui !

— Tu ne veux pas me présenter à tes amis?

— Va-t'en !

— Tu me balayes ?

— Viens demain, je te donnerai de l'argent.

Auguste pirouetta sur ses talons :

— Rien de rien ! — dit-il, — je voulais devenir honnête homme, le destin ne veut pas, — je reste canaille ; sœsœur, je dînerai à la cuisine, — tâche qu'il en reste au fond des bouteilles !

Et ébauchant sur le plancher de la salle un pas de *lancier* qui, — dans tout autre endroit, — eût incontestablement conduit son auteur au violon, — Auguste gagna la porte et se dirigea vers la cuisine.

— Qu'est-ce qu'il veut dire cet imbécilelà ? — se demanda Rosine demeurée seule.

Ah ! bah !... il aura bu !

Et, — sans plus s'inquiéter, — Rosine fit demi-tour et retourna auprès de ses invités.

. . . .

— Madame est servie ! — vint dire quelques minutes après Germain, — qui, en grande livrée, — la serviette sur le bras, — avait tout à fait l'air d'un domestique de bonne maison.

Les cavaliers arrondirent le coude, et les doigts gantés des dames s'appuyèrent sur le drap noir des habits.

Rosine ouvrit la marche avec le prince qu'elle fit asseoir à sa droite.

En face d'elle était Tata : à côté de Tata, Charles de Rueil.

Raymond prit place à la gauche de Rosine, et Lambert, — en face de lui, — à côté de mademoiselle Maryland.

Les autres convives prirent rang à leur fantaisie, — selon le hasard ou les goûts particuliers.

Raymond et Lambert échangèrent un regard de défi, — puis il cessèrent de faire attention l'un à l'autre.

Le dîner commença.

XXIII

Une visite inattendue.

Le dessert venait d'être dressé.

Le champagne pétillait dans toutes les coupes et dans toutes les têtes, — la gaîté était bruyante, — entraînante, — générale.

Les femmes donnaient l'élan à l'animation de tous les convives, et la salle à manger de

Rosine voyait naître les débuts d'une orgie comme en savent faire de nos jours les gentilshommes dorés et les beautés ruolzées de la galanterie de second ordre.

— Messieurs et madame, — cria Tata Maryland en se levant, — je demande un moment de silence.

— Tata va parler! — dit Charles.

— Alors elle en a pour longtemps, — ajouta Rosalba.

— Je demande la parole pour un autre!— fit Tata.

— Qui?

— Où est l'orateur?

— À la tribune!

— Présent ! — glapit Tata en frappant sur l'épaule de Lambert.

— C'est Lambert qui va parler ?

— Oui.

— Il a une motion à faire ?

— Une histoire à raconter !

— Une histoire ? — cria-t-on.

— Oui !

— Silence !... — fit Tata.

— Silence ! — répéta-t-on.

Le bruit redoubla.

Cependant, après un moment de tumulte pendant lequel personne ne put dominer le carme, — un peu de tranquillité se fit.

Tata en profita habilement.

— Messieurs, — dit-elle, — il s'agit de trois femmes, — d'un chien noir et d'un garçon épicier aimable.

Ce début original provoqua la gaîté de tous.

Raymond,—lui-même,—paraissait avoir oublié ce qui s'était passé entre lui et Lambert pour prendre part à l'entrain général.

— Des trois femmes, — continua Maryland de sa voix glapissante, — une était vieille et deux étaient jeunes...

— Et le chien noir? — cria Rosine.

— C'était un caniche!

— Frisé?

— Comme un bichon !

— Je demande le portrait **du garçon** épicier ? — fit Raymond.

Tata sourit malicieusement.

— Vous aurez la photographie tout à
l'heure ! — dit-elle.

La vieille était la tante et les deux jeunes
les nièces.

La tante s'appelait madame Benoît.

Les deux nièces se nommaient l'une Anna,
— l'autre... comment, Lambert ?

— Julie ! — répondit d'Arcourt.

— Et le garçon épicier ? — demanda Raymond.

— Auguste !

— Et le chien noir ?

— Pyrame ?

— Nous connaissons les personnages, — dit Rosine, — en avant l'exposition.

— Est-ce dramatique ?

— Comme une pièce de l'Ambigu !

— Y a-t-il un traître ?

— Il y en aura !

— Nous écoutons !

— A vous la parole, Lambert ! — dit Tata en se tournant vers son voisin.

— L'histoire sera courte, — dit d'Arcourt en se levant.

Un soir la tante rentrait au logis au sortir de l'église.

Elle trouva Anna dans les larmes :

— Où est Julie ? — demanda-t-elle.

Anna ne répondit pas, mais ses sanglots redoublèrent.

— Où est Julie ? — répéta la tante.

Anna pleura plus fort.

Un silence se fit et dura quelques minutes.

Madame Benoît tremblait et son visage était devenu très-pâle.

— Ainsi, — dit-elle, — elle est partie ?

— Oui, — murmura Anna.

— Avec lui ?...

— Avec lui !...

— Et toi ?...

— Je vais mourir!...

Anna s'était levée et se jetait dans les bras de sa tante.

La vieille dame pressa contre sa poitrine le corps de la jeune fille qu'agitaient des convulsions douloureuses.

Le lendemain, Anna était morte...

Elle s'était jetée par la fenêtre et s'était brisé le crâne sur le pavé de la rue.

Lambert s'arrêta et regarda les convives.

Tous demeuraient bouche béante, ne sachant ce qu'ils devaient penser de ce singulier début.

— Ah çà! est-ce que c'est une histoire

vraie que vous racontez-là ? — demanda Rosine.

— Mais oui, — répondit Lambert.

— C'est arrivé ?

— Oui.

— Il y a longtemps?

— Il y a quinze ans !

— Où ?

— A Lyon.

Un silence profond suivit ces paroles : la gaîté s'était envolée sous le souffle de l'exposition dramatique du récit de Lambert.

Celui-ci reprit :

— Jamais on ne connut clairement les causes du suicide d'Anna.

Les uns prétendirent qu'elle s'était tuée
parce qu'elle se savait attaquée d'une maladie de poitrine.

Les autres affirmèrent qu'elle avait au
cœur un amour malheureux.

De plus avisés prétendirent que la dispa-
rition de sa sœur était la raison de la mort
violente de la jeune fille.

Mille suppositions furent faites : jamais
aucune ne fut justifiée.

La tante était demeurée seule ; on la disait puissamment riche, bien qu'elle passât
pour extrêmement avare. Elle avait un frère
que l'on disait plus riche qu'elle encore,
mais plus avare aussi.

Ce frère, — qui avait quitté la France
depuis vingt ans, — habitait Alger.

La vieille dame avait fait un testament en faveur de ses nièces. Anna étant morte, Julie devait hériter seule.

Un jour madame Benoît acheta du sucre en poudre chez un épicier en faisant d'autres emplettes.

Un garçon de dix-huit ans au plus fut chargé de lui apporter ses provisions.

Madame Benoît avait auprès d'elle Pyrame, — son caniche, — qui était fort gourmand.

Pyrame sentit les provisions et aboya en tournant autour et en remuant la queue.

Madame Benoît, — qui le gâtait fort, — prit le sac contenant le sucre en poudre et en donna à Pyrame, — plein le creux de sa main.

Pyrame lécha la main jusqu'à ce qu'elle ne contînt plus la plus légère parcelle de son mets le plus favori, — puis, — rendu content par sa gourmandise satisfaite, — il alla s'asseoir en rond aux pieds de sa maîtresse et s'endormit.

Une heure après, — il se réveillait en poussant des cris plaintifs.

Il paraissait souffrir horriblement. Madame Benoît lui prodigua ses soins.

Pyrame se tordait les pattes en convulsions...

Son agonie fut longue et douloureuse, — puis il se raidit et expira.

Madame Benoît mit cette **mort sur le** compte d'une maladie propre à la **race ca-**

nine, — mais, — comme elle adorait Pyrame, — elle porta le corps chez un naturaliste afin de le faire empailler.

Le naturaliste auquel la dame raconta la
fin prématurée de son caniche, — voulut se
rendre compte de cette maladie foudroyante
dont il ne pouvait expliquer les causes.

Il ouvrit Pyrame et reconnut que le chien
avait succombé par l'absorption d'une forte
dose d'arsenic.

Madame Benoît, — stupéfiée, — se rappela le sucre qu'elle avait fait goûter à
Pyrame.

Elle revint chez elle, — prit le sac contenant le reste du sucre auquel elle n'avait
point encore touché, et se rendit chez un
chimiste.

L'analyse prouva clairement que le sucre était empoisonné.

De chez le chimiste, madame Benoît courut chez le commissaire, et la justice s'empara aussitôt de l'affaire.

L'épicier et son garçon furent soupçonnés et arrêtés.

L'innocence du patron fut prouvée d'une façon tellement évidente, qu'une ordonnance de non lieu fut rendue en sa faveur.

Le garçon, — lui, — paraissait foudroyé par l'accusation dirigée contre lui.

Le malheureux ne pouvait répondre, ni ne savait comment prouver son innocence.

Il se rappelait seulement que, dans la course qu'il avait accomplie de chez son patron chez la vieille dame, il avait été accosté par un inconnu, — lequel l'avait décidé, — il ne savait plus sous quel prétexte, — à aller boire avec lui chez un marchand de vin.

Il était entré au cabaret avec ses marchandises : il avait bu, — il s'était enivré.

Ses souvenirs s'arrêtaient là.

C'était tout ce qu'il pouvait alléguer en sa faveur.

Comment l'arsenic avait-il été introduit dans le sac à sucre râpé ?

Il ne pouvait le dire.

La vieille dame, — en déposant, — dit, — qu'effectivement, — elle s'était aperçu de l'état d'ivresse du garçon épicier, — mais elle n'avait pas accordé d'autre attention à cet incident.

Quant à l'inconnu, — le garçon ne se rappelait plus ses traits et ne pouvait, — par conséquent, - - les dépeindre.

Le marchand de vin chez lequel il s'était enivré, ne put rien déposer de précis.

Ce garçon accusé se nommait Auguste.

Lambert s'arrêta encore.

On l'écoutait avec une profonde atten-tion.

Rosine même paraissait plus qu'attentive, elle était émue et elle prenait à l'histoire racontée un intérêt qu'elle ne cherchait pas à dissimuler.

Raymond souriait tout en cachant, — par

un geste de la main, — les tressaillements
nerveux qui, — par moments, — décompo-
saient les traits de son visage.

Mais son calme revenait vite, et il était
impossible de savoir s'il était ému par le récit qu'il écoutait.

— Après? après? — demanda-t-on de
toutes parts.

— Le garçon fut jugé, — reprit Lambert,
— et condamné.

Son avocat, — persuadé de son innocence,
— rappela du jugement prononcé.

Ce premier jugement fut cassé.

Un autre eut lieu et fut suivi d'une seconde condamnation.

L'avocat ne se lassa pas et fit de nouveau
casser le second jugement.

Les jurés de la troisième cour d'assises acquittèrent Auguste faute de preuves suffisantes.

Le malheureux était déclaré innocent, — mais il avait fait deux années de prévention, — il avait passé ce laps de temps au milieu de l'écume de la population ; — quand il recouvre la liberté, — le séjour des prisons, — le contact des prisonniers avaient perverti son âme et gangrené son cœur.

Il ne pouvait plus faire qu'un vaurien de la pire espèce.

Quant au véritable coupable de cette tentative d'empoisonnement évidemment dirigée contre madame Benoît, — jamais il ne fut connu.

On avait absolument perdu toutes traces.

Madame Benoît, par un caprice bizarre, — avait anéanti le testament fait par elle, et avait légué toute sa fortune à son frère, habitant Alger.

Quelques mois après elle mourait...

— Par accident? — demanda Rosine.

— Non, — de vieillesse.

— Et sa nièce?

— Julie?

— Oui.

— On n'a jamais su non plus ce qu'elle était devenue.

— Et le frère d'Alger?...

— Il est en France.

— Il vit encore ?

— Oui.

— Il est riche ?

— On dit qu'il a près de quatre millions
à lui.

— Bigre !

— On l'affirme.

— Et il habite Paris ?

— Non.

— Où est-il ?

— A trente lieues d'ici : à...

La porte de la salle à manger en s'ouvrant
brusquement coupa la parole à Lambert.

Lucien, — pâle, — les traits bouleversés,
— apparut sur le seuil.

— Lucien ! — cria-t-on.

— Qu'as-tu ? — fit Charles en se précipitant vers lui.

— J'ai à vous annoncer à tous un grand
malheur ! — dit Lucien.

— Qu'est-ce ?

— De Launay est mort !

— Mort ! — répéta-t-on.

— Oui.

— Quand ?

— Aujourd'hui, — ce soir !

— Où cela ?

— Dans le bois de Ville-d'Avray !

— Comment ?

— Il s'est tué !

Ces paroles échangées rapidement causèrent sur tous les convives une sensation profonde.

— Pauvre vicomte ! — s'écria Tata.

— Il s'est tué ! — dit Rosine.

— Pourquoi ? — demanda le prince.

— Parce qu'il était ruiné ! — dit Tata.

— Non, — dit Lucien, — mais parce qu'un misérable l'avait poussé vers l'abîme.

— Mais comment as-tu appris ? — demanda Charles.

— J'ai trouvé le cadavre du vicomte.

— Toi ?

— Moi-même.

— Mais quand ?

— Il y a trois heures, sur la route de Versailles.

— Et il est mort ?

— Il est mort !

Raymond se mordait les lèvres.

— Et qui est le misérable qui l'a poussé au suicide ? — demanda Tata en se levant.

— Je le connais, — s'écria Lambert.

— Qui ?

— C'est...

Un coup de sonnette à tout briser éclata dans l'antichambre et arrêta le nom prêt à être formulé par Lambert.

— Qui peut venir à cette heure ? — dit Rosine avec une inquiétude visible.

Elle s'était levée, mais elle n'eût pas le temps de faire un pas.

Un commissaire de police, — son écharpe au côté, — entrait dans la salle suivi de deux agents.

Deux tricornes de gendarmes se dessinaient dans l'antichambre.

Un silence glacial, — empreint d'effroi, — accueillit l'entrée du magistrat.

Le commissaire parcourut l'assemblée d'un regard rapide :

— M. Lambert d'Arcourt ? — dit-il.

Personne ne répondit, mais tous les yeux

se portèrent sur Lambert qui était devenu pâle comme un linceul.

— M. Lambert d'Arcourt? — répéta le commissaire.

— C'est moi ! — dit le jeune homme en s'avançant.

— Au nom de la loi, — je vous arrête !

— Moi?

— Oui !

— Pourquoi?

— Sur l'inculpation d'abus de confiance.

La stupeur était à son comble.

Lambert demeura immobile.

Puis son regard enflammé se porta sur

Raymond, et il fit un mouvement comme pour s'élancer.

Les deux agents se saisirent de lui.

— Je suis prêt à vous suivre, — dit Lambert en se contenant.

Le commissaire fit un geste : Lambert fut entraîné.

— Ah ! — murmura Raymond en poussant un soupir de satisfaction, — Bouledogue a agi à temps ! Lambert m'y a forcé ! — tant pis pour lui.

Rosine et ses invités demeuraient foudroyés par ce coup de scène inattendu.

Un silence glacial suivit la sortie du commissaire et de son prisonnier.

Raymond seul paraissait respirer à l'aise.

Tous étaient debout, — tous attendaient comme si quelque chose devait s'accomplir encore.

Tout à coup Lucien s'arracha à l'espèce de torpeur à laquelle il était en proie ainsi que ses compagnons.

Marchant vers Raymond, — il arriva à deux pas de la chaise du voisin de Rosine.

— Monsieur Raymond, — dit-il d'une voix frémissante, — je vous connais !

Vous êtes l'auteur, — ce soir, — de deux actes infâmes !

Vous êtes la cause de la mort d'un honnête homme !...

Vous êtes la cause de l'arrestation d'un innocent !

Monsieur Raymond, — vous êtes un misérable !

Monsieur Raymond, — vous êtes un lâche !...

Monsieur Raymond, — je vous tuerai.

Et levant le bras, — avec un geste plus rapide que la pensée, — Lucien souffleta Raymond.

Un même cri s'échappa de toutes les bouches, mais fut dominé par un rugissement féroce.

Raymond avait saisi un couteau sur la table et bondissait sur Lucien sans défense.

Son bras était levé... il allait frapper...

Deux mains de fer l'étreignirent, — l'enlevèrent du sol et le renversèrent sur le plancher.

— Minute ! — fit une voix rude, — rentrez les outils. Si on menace celui-là, — c'est *papa* qui prend la chose !

Raymond étouffait sous le genou puissant qui écrasait sa poitrine.

Auguste, — le frère de Rosine, — attiré par le bruit comme tous les domestiques, — était entré dans la salle quelques instants auparavant.

C'était lui qui avait préservé Lucien du coup de couteau dont il était menacé.

C'était lui qui avait terrassé Raymond de ses bras herculéens.

— Minute, — reprit-il, — et ne riboule

pas tes yeux comme ça, l'ancien, — Guguste n'a pas peur ! De quoi ! Tu te tortilles comme un ver coupé ! Du calme ! on te connaît, — vieux ! On a fait de la prévention ensemble, quand on ne s'appelait pas encore Raymond !

Puis se tournant vers Rosine :

— Tu vois bien sœsœur, — ajouta-t-il, — qu'il fallait me présenter aux amis. Guguste sera cocher de fiacre ! c'est son idée !

Raymond râlait sous l'énergique étreinte du colosse.

XXIV

L'estaminet.

M. Cuissard demeurait dans le quartier du faubourg Montmartre, — avons-nous dit, — mais comme il aimait la promenade, — en sa qualité de nain, — dans l'espérance, — sans doute, — que la promenade le ferait grandir, — M. Cuissard avait adopté

pour café l'estaminet chantant du Géant, —
situé, — comme chacun le sait, — boulevard du Temple, en face les théâtres.

Là, — tous les soirs, — à huit heures, —
se réunissait une société d'aimables compères.

Là, — Cuissard y retrouvait Buchené, —
Pingoin, — Guilloché, — le père Actéon, —
et souvent le fils Actéon.

On prenait une demi-tasse, — un gloria,
— un pousse gloria.

On faisait un domino, — un piquet, —
un carambolage, — au choix de la société et
suivant les dispositions du moment.

On écoutait la musique, — on battait la
mesure sur la table, — on lorgnait la chan-

teuse et on faisait des calembours en payant le garçon.

C'était charmant, — on ne pouvait guère mieux employer son temps.

Bien certainement le Dieu créateur qui a formé l'ingénieuse machine humaine, — a donné au corps une âme, — à cette âme des sensations et une intelligence, — afin que l'homme employât tout cela à une existence utile et sage, et l'homme ne manque pas le but indiqué.

Donc, M. Cuissard, — ce soir-là, — laissait sa femme au logis, — ainsi que la chose doit se pratiquer, — et s'était dirigé vers le café du Géant.

Il était huit heures quand il poussait, — en fredonnant,—la porte de l'établissement.

À cette heure, — le dîner, — chez Rosine, — était dans tout son éclat, — mais Tata n'avait point encore commencé son histoire des trois femmes, du chien caniche et du garçon épicier.

Le café était plein, — comme le sont tous les cafés, — et comme ils le seront toujours tous, — il faut bien l'espérer, — pour la plus grande gloire de la caisse de messieurs les cafetiers.

Pingoin, — Guilloché, — Buchené, — Actéon père et fils étaient à leur poste assis autour de leur table, — dans le coin favori.

— Ah! c'est Cuissard, — cria-t-on.

— Bonjour Loulou.

— Bonsoir Bibi.

— Ça va bien, la vieille ?

Cuissard regretta de n'avoir que deux mains pour ne pas étreindre, — d'un seul coup, — toutes celles qui se tendaient vers lui.

— Bonsoir, les petits amours, — fit-il en s'asseyant.

— Qu'est-ce que tu prends, ce soir ? — demanda Pingoin.

— Un tabouret d'abord, — répondit spirituellement Cuissard.

— Et après ?

— Une demi-tasse.

— Avec gloria ?

— Toujours.

— Garçon !

— Voilllà ! — répondit une voix sonore.
— Ces messieurs ont appelé ?

— Demi-tsase et cognac.

— C'est servi.

— Ah ! — fit Cuissard en laissant verser un bain de pied généreux, — ma femme qui voulait que je la menasse ce soir faire une visite à sa tante. En voilà une idée ! Je l'ai un peu rembarrée. Je lui ai dit d'y aller toute seule.

— Tiens ! — fit Pingoin. — Elle est assez grande pour trotter sans toi.

— Pas vrai ?

— C'est bête, les femmes. Ça voudrait toujours être pendu aux bras de leur mari.

— Avec ça que c'est amusant de promener sa femme ! — dit Guilloché.

— On ne peut pas regarder les autres.

— Oh ! ce Cuissard !

— Toujours polisson.

— Moi, d'abord, — reprit Cuissard, — je ne suis aimable que quand ma femme n'est pas là.

— Moi, — dit Guilloché, — j'ai toujours mis mes femmes, — et j'en ai eu trois, — sur un bon pied.

— Comment cela ?

— Elles restent à la maison.

— C'est bien.

— Mon dîner doit être prêt à l'heure, —

je n'aime pas à attendre, — et je veux que
mon épouse soit toujours aimable.

— Est-ce que vous avez un secret pour
cela? — demanda Pingoin.

— Oui, — fit le papa Guilloché en se ca-
ressant le menton.

— Alors, vous devriez bien m'en faire
part.

— Pourquoi?

— Tiens! pour rendre madame Pingoin
aimable.

— Elle ne l'est donc pas?

— Oh! elle crie toujours.

— Et qu'est-ce que vous faites?

— Je m'en vais.

— C'est une idée.

— Et bonne.

— Oh ! — fit M. Actéon d'une voix flûtée,
— une femme c'est bien agréable quand on
est malade.

— Ça c'est vrai, — dit Cuissard. — La
mienne me soigne très-bien.

— Et puis ça tient la maison, — ajouta
Pingoin.

— Ma défunte était diantrement jalouse !
— dit Buchené.

— Dame ! vous étiez peut-être coureur.

— On le disait.

— Oh ! ce père Buchené avec son air de
n'y pas toucher.

— A propos, — demanda Cuissard.

— Quoi ? — fit Buchené.

— Et votre gendre ?

— Mon gendre ?

— Oui, où est-il ?

— En voyage, à Marseille, à Alger...

— Toujours ?

— Mais oui, et il paraît que cela durera
longtemps.

— Et Adolphine ?

— Elle est avec la mère Marescot.

— Ça doit bien l'amuser.

— Ah ! ça ne me regarde pas. Je l'ai mariée, qu'elle s'arrange. C'est bien assez d'a-

voir élevé les enfants, s'il fallait encore se tracasser pour eux!

— Mais qu'est-ce qu'il fait?

— Qui?

— Anténor.

— Mon gendre? — fit Buchené avec indifférence.

— Oui.

— Ah! je ne sais pas. Il gagne de l'argent, je crois.

— Comment, vous croyez?

— Dame, oui.

— Madame Pingoin, — mon épouse, — m'a dit qu'il s'agissait d'une affaire importante.

— Il paraîtrait.

— Qu'est-ce qui lui a procuré cela ? — demanda Cuissard.

— M. Raymond, — répondit Buchené.

— Le bel homme de la noce ?

— Oui.

— Un richard ?

— Richardissime.

— Il a de la chance, Anténor.

En ce moment deux nouveaux consommateurs entrèrent dans l'établissement.

— Tiens! — fit Cuissard en se retournant.

— Quoi ? — demanda Pingoin.

— Deux connaissances.

— Qui?—dit Buchené sans se retourner.

— Ceux-là.

— Qu'est-ce donc ?

— Lécrou... ce petit sec avec son nez pointu.

— L'homme d'affaires ?

— Oui.

— Et l'autre ?

— C'est Lacassette.

— Qu'est-ce qu'il fait ?

— Tout ce qu'on veut pour de l'argent.

— Vous les connaissez?

— Eh oui ! ils demeurent dans ma maison.

— Tiens! — c'est vrai.

— Je vais leur dire bonsoir.

Et Cuissard, — se levant vivement, — courut, — en sautillant, — vers les deux nouveaux arrivés.

Lacassette et Lécrou accueillirent avec un sourire le fabricant de maillots, — puis Cuissard, — après avoir échangé quelques paroles avec ses co-locataires, retourna vers ses amis.

Lacassette et Lécrou s'étaient installés tous deux à une table isolée.

Lécrou regarda attentivement autour de lui, — fouillant de l'œil la salle entière du café.

— Il n'est pas arrivé, — dit-il.

— Il va venir, — répondit Lacassette.

— C'est bien ici qu'il vous avait donné rendez-vous ?

— Oui.

— Pour quelle heure ?

— Neuf heures.

— Et il est ?

— Moins le quart.

— Alors, — il n'y a pas de temps de perdu.

— Non.

Un silence suivit cet échange de paroles.

— Hum ! — fit Lécrou, — si Raymond nous savait ici.

— Il rirait jaune, — dit Lacassette.

— Il écumerait.

— Qu'est-ce que ça nous fait?

— Il n'a pas prise sur nous.

— Sans doute, il ne peut exactement rien.

— Tandis que nous...

— Il ne se doute de rien!

— Ah! j'ai bien mené l'affaire, — dit Lécrou.

— C'est une justice à vous rendre.

— Vous êtes content?

— Pardieu! on le serait à moins, mon
cher.

— Et le vieux?

— Il est à nous, complètement à nous.

— Alors Raymond?...

— Les marrons du feu, — très-cher.

— A propos, — reprit Lécrou.

— Quoi? — demanda Lacassette.

— Vous savez bien, sa femme?

— A qui?

— A Raymond : la petite qu'il avait là-bas.

— Oui. — Eh bien?

— Vous la croyez morte?

— Oui.

— Elle est vivante.

— Pas possible! — dit Lacassette avec stupéfaction.

— Je l'ai vue.

— Vous l'avez vue?

— Oui.

— Quand?

— Aujourd'hui.

— Où?

— Chez moi.

Un nouveau silence suivit ces paroles. — Les deux hommes se regardèrent : — Lacassette avec une expression d'étonnement profond, — Lécrou avec un sourire affirmatif.

— Eulalie est vivante ! — répéta Lacassette.

— Oui, — dit Lécrou.

— Et Raymond le sait ?

— Il le sait ! — fit encore Lécrou avec calme.

— Vous en êtes sûr ?

— Parbleu ! il l'a vue chez moi.

— Et qu'est-ce qu'elle venait faire ?

— Demander une place.

— Une place ?

— Oui, — Raymond avait fait insérer une note dans les *Petites-Affiches* pour une place de dame de compagnie, et il disait qu'on s'adressât chez moi.

— Et Eulalie est venue se présenter ?

— Oui.

— Et elle a vu Raymond ?

— Non : il était caché !

— Et cette place, qu'est-ce que c'est ?

— Chez le vieux !

— Pas possible !

— Je vous l'affirme, — et je ne plaisante pas ?

— Et qu'a dit Raymond ?

— Il a l'intention de l'envoyer.

— En vérité ? — fit Lacassette avec stupeur.

— Parole d'honneur !

— C'est trop fort !

— C'est le diable incarné que cet homme.

— Dites donc, Lécrou ! — reprit Lacassette.

— Quoi !

— Nous allons peut-être un peu loin.

— Comment ?

— En luttant avec lui !

— Bah ! nous triompherons !

— Vous croyez ?

— Tiens ! sans cela, — je ne ferais rien !

— Alors ça va toujours ?

— Toujours ! D'ailleurs il n'est plus temps
d'hésiter !

— Et Eulalie ?

— Elle entrera chez le vieux.

— Mais ils se reconnaîtront ?

— Eh non ! il a changé de nom depuis

qu'il a quitté l'Afrique et ils ne s'étaient jamais vus avant !

— Très-bien. Vous avez le testament de
la mère Benoît?

— Dans ma caisse.

— C'est notre baguette magique, cela !

— Je le sais bien.

— Et Raymond n'a rien flairé?

— Absolument rien.

Une chanteuse légère entamait alors un
morceau tellement bruyant que l'on ne pouvait plus s'entendre d'un bout à l'autre de
la même table.

Lacassette et Lécrou cessèrent de parler
et écoutèrent.

La virtuose termina son chant par un point d'orgue capable de doubler les tours Notre-Dame et salua modestement le public enthousiasmé.

Des applaudissements frénétiques éclatèrent de tous les coins de la salle.

— La porte du café s'ouvrit en ce moment, et un vieillard entra en s'appuyant sur sa canne.

Ce vieillard, — dont l'âge était insaisissable, — paraissait jouir d'une santé parfaite.

Le corps, — légèrement courbé, — mais ferme sur ses jambes, — cet homme s'avançait lentement et d'un pas sûr.

Sa physionomie, — éclairée par le feu des

becs de gaz, — était fière et avait dû être jadis fort belle.

Son teint était blafard, — ses yeux noirs
et brillants, — ses cheveux gris, — sa bouche dégarnie, — et son nez légèrement
proéminent.

Une expression d'impassibilité se peignait
sur sa physionomie que ne devait jamais
animer un sourire.

En apercevant Lécrou et Lacassette, — il
se dirigea vers eux, — sans que rien ne dé-
celât en lui qu'il fût content ou mécontent
de les rencontrer.

Lécrou se recula, — le vieillard prit place

sur la banquette sans dire un mot, — sans saluer, — sans paraître accorder la moindre attention à ses deux compagnons.

On eût dit qu'il ne les connaissait pas.

XXV

Saint-Severin.

— Nous sommes prêts ! — dit Lécrou.

— Ah ! — fit simplement le vieillard.

— Oui.

— Voulez-vous que nous causions ici ? — demanda Lacassette.

— Non, — répondit le vieillard d'une voix sèche.

— Où cela?

— Pas ce soir.

Les deux hommes firent un geste de déception.

— Pourquoi? — demanda Lécrou.

— C'est le 18 mai.

— Oui.

— Eh bien? — fit Lacassette.

— Je n'ai pas le temps aujourd'hui, — répondit le vieillard.

— Cependant vous nous avez donné rendez-vous.

— C'est vrai.

— Alors… vous avez donc changé d'avis ?

— J'avais oublié.

— Quoi ?

— La date !

Lécrou et Lacassette se regardèrent. Ils ne comprenaient évidemment pas.

— La personne que j'ai demandée à Raymond ? — reprit le vieillard après un court silence.

— Je m'en suis occupé, — répondit Lécrou.

— Vous ?

— Oui, — répondit Lécrou en détournant la tête.

— Eh bien ?

— Dans deux jours elle se présentera chez vous.

— Pourquoi pas avant?

— Il faut que je prenne des informations sur elle.

— Ah! très-bien ! Elle est jeune ?

— Oui.

— Jolie ?

— Très-jolie.

— Intelligente ?

— Je l'espère.

— Alors c'est ce qu'il me faut.

— Je le crois.

Le vieillard avait prononcé toutes ces paroles sur le même ton.

— Et les deux jeunes gens que j'ai de-
mandés aussi ? — reprit-il.

Lécrou hésita :

— Nous n'avons pas encore trouvé.

— Il faut chercher.

— C'est ce que nous faisons.

— Tâchez de me donner une réponse demain.

— C'est ce à quoi nous aviserons.

Le vieillard se leva.

— Vous partez ? — dit Lacassette.

— Oui, il le faut.

— Mais nous n'avons rien dit ?

— Nous causerons demain.

— Où ?

— Chez moi.

— A quelle heure?

— A huit heures du soir, — je vous attendrai tous les deux. Les *comptes du Mont-de-
Piété* seront préparés.

Et le vieillard appuya sur cette dernière
phrase comme s'il eût voulu lui donner une
valeur mystérieuse.

Sans doute les deux hommes comprirent,
— car ils s'inclinèrent en signe d'assenti-
ment.

— A demain! — reprit le vieillard.

Et il s'éloigna.

Il était fort pauvrement vêtu et sa vue
eût plutôt inspiré un sentiment de pitié
qu'une pensée joyeuse.

Sa redingote longue et râpée, — aux manches usées, — tombait sur un pantalon qui devait avoir de nombreuses années de service, et de grosses chaussures recouvraient ses pieds déformés.

La tête basse et comme dominé par une pensée triste, — le vieillard passa devant la table autour de laquelle étaient installés MM. Pingoin, — Cuissard, — Guilloché, — Buchepé, — et Actéon père et fils, — sans jeter un regard sur les consommateurs.

Cuissard, — qui était tourné de son côté, — le suivit de l'œil.

— Tiens ! — dit le fabricant de maillots en se penchant vers ses amis et en désignant le vieillard qui atteignait la porte, — vous voyez ce vieux-là ?

— Oui, — dirent les autres.

— Savez-vous ce qu'il est?

— Non.

— C'est un millionnaire !

— Bah !

— Mais un archi-millionnaire, — on dit qu'il pourrait faire concurrence à Rotschild.

— Pas possible.

— On prétend qu'il possède plus de dix millions !

Tous les hommes ouvrirent de gros yeux.

— Ce vieux râpé ! — dit Pingoin.

— Oui ! — fit Cuissard.

— Tu le connais ?

— Je l'ai vu deux fois.

— Comment qu'il se nomme ?

— Le père Gaspard.

— Et il a dix millions ?

— Tout autant !

— Ah bien ! — dit Guilloché, — je lui aurais donné volontiers deux sous, moi !

— C'est un vieil avare ! — dit Cuissard.

— Un usurier ?

— Dame ! ça se pourrait.

— Comment le connais-tu, Cuissard ?

— Oh ! c'est tout une histoire !

— Bah !

— L'existence de ce vieux-là ferait tout un roman, si l'on voulait se donner la peine de l'écrire.

— En vérité !

— Conte-nous cela !

— Volontiers !

— Et Cuissard, — appuyant son coude sur la table, — prit une pose d'orateur, — et se mit en devoir de satisfaire la curiosité éveillée de ses amis.

. . . .

Le vieillard, — en quittant le café, — avait traversé le trottoir du boulevard, — se dirigeant vers la chaussée,

Un élégant coupé, — parfaitement attelé, — stationnait là.

— Un valet de pied, — en petite livrée, — attendait à la portière.

En voyant le vieillard, — le valet de pied s'effaça et ouvrit la voiture.

Le vieillard, — à l'aspect misérable, — monta dans l'élégant véhicule.

Le valet, — le chapeau à la main, — attendait les ordres.

— Rue Saint-Severin, — dit le vieillard en se laissant aller dans un coin du coupé.

Le valet monta sur le siége, — transmit l'ordre donné au cocher, et la voiture partit rapidement.

Elle descendit la rue du Temple, — traversa les ponts et vint s'arrêter rue Saint-Jacques au coin de la rue Saint-Severin.

Le valet de pied ouvrit la portière et le vieillard descendit.

— Faut-il attendre ? — demanda le valet.

— Non, — répondit le vieillard.

— A quelle heure faut-il revenir chercher monsieur ?

— Il ne faut pas revenir.

Le valet salua et remonta sur le siége.

La voiture s'éloigna lentement.

Le vieillard longea la rue Saint-Severin en suivant le mur de l'église, et il atteignit la petite place sur laquelle est la ravissante façade de ce bijou du Paris gothique.

Il était dix heures du soir, l'église était fermée.

Le vieillard atteignit la porte de l'une des maisons de la place et frappa : il entra, — adressa quelques mots à la concierge et attendit.

Pendant cette attente, — ses lèvres s'agitaient, — mues par un mouvement fébrile, — comme s'il eût marmotté des prières.

Un homme apparut tenant un trousseau de clefs à la main et une lanterne.

L'homme salua le vieillard et traversa la place. Le vieillard le suivit.

L'homme s'était dirigé vers la petite porte de l'église. Arrivé devant cette porte, il prit une clef dans son trousseau et l'introduisit dans la serrure.

La porte s'ouvrit, — l'homme leva sa lanterne pour éclairer.

Le vieillard entra sans hésiter.

Le gardien s'avança derrière lui, et lui présenta sa lanterne.

— Merci ! — dit le vieillard en la prenant d'une main et en tendant de l'autre un billet de cent francs à son conducteur.

— Monsieur a-t-il besoin de moi ? — dit l'homme en prenant le billet.

— Non, — répondit le vieillard.

— A quelle heure faudra-t-il ouvrir ?

— Comme à l'ordinaire.

— A matines, alors ?

— Oui.

L'homme quitta l'église et referma la porte. Demeuré seul dans l'édifice religieux, le vieillard s'avança vers le chœur.

Il s'inclina dévotement devant l'autel et passa sous les piliers de droite.

Là, — il abaissa sa lanterne et parut compter les dalles.

Marchant à pas lents, — il atteignit une dalle large, — blanche, — et concassée à son centre, comme si la chute d'un corps pesant l'eût brisée jadis.

— C'était là ! — murmura-t-il.

Et il poussa un profond soupir.

— Le 18 mai ! — à onze heures ! — reprit-il.

« Nous sommes le 18 mai !...

« L'heure va sonner !...

« C'est l'instant de l'expiation ! »

Le vieillard posa sa lanterne sur une chaise voisine. Puis, — il s'agenouilla sur la dalle, — courba la tête et joignit les mains.

L'église, sombre dans toutes ses parties, — n'était éclairée faiblement, — que là où se tenait le vieillard.

Un silence lugubre régnait sous les arceaux. Ce silence n'était troublé à inter-

valles inégaux que par des plaintes sourdes
et des sanglots convulsifs...

C'était le vieillard qui pleurait !

.   .   .   .

A cinq heures du matin, — au jour naissant; — la porte de l'église s'ouvrit, et celui
qui avait introduit le vieillard, — s'avança
dans le chœur.

Aucun bruit ne se faisait entendre.

L'homme chercha des yeux dans la demi-
obscurité.

D'abord il ne vit rien... Enfin ses yeux
s'habituèrent peu à peu au jour naissant
qui filtrait à travers les vitraux, et il distin-
gua une forme humaine étendue sur les
dalles dans l'un des bas-côtés.

Il s'avança et reconnut le vieillard.

— Eh! monsieur! — fit-il.

Le vieillard ne répondit pas.

L'homme se baissa et le toucha : il était évanoui.

— Allons, bon! — dit l'homme, — toujours la même histoire! Tous les ans ce même jour, — je le trouve là sans connaissance. — Heureusement que j'ai ce qu'il faut.

Et il tira de sa poche un flacon qu'il déboucha et dont il fit respirer le contenu au vieillard évanoui.

Celui-ci ouvrit les yeux : il reprenait ses sens.

L'homme, — sans mot dire, — l'aida à se relever.

Le vieillard, tremblant sur ses jambes, s'appuya sur sa canne que lui présentait son compagnon.

Il ramassa son chapeau et se dirigea vers la porte, — suivi par le gardien.

Arrivé sur le seuil, — le vieillard prit dans sa poche un second billet de cent francs, — et le remit à l'homme qui remercia en s'inclinant.

Puis, — il traversa la place, — gagna péniblement le boulevard de Sébastopol et se dirigea vers le quai.

Paris était désert : il était cinq heures et demie.

. . . .

A cette même heure, — de l'autre côté, de l'eau, — à l'autre extrémité de Paris, — une calèche, — quittant la place de la Concorde, — s'élançait au grand trot dans l'avenue des Champs-Élysées.

Trois hommes, — enveloppés dans leurs paletots, — occupaient les banquettes soyeuses.

Ces trois hommes, — nos lecteurs les connaissent.

Les deux placés au fond de la voiture étaient Lucien et Charles.

Celui assis sur la banquette de devant était Max Dorcy.

Derrière Max était un manteau enroulant un corps dur sans doute, à en juger par la raideur de l'étoffe.

Max tenait une boîte de forme plate sur ses genoux.

Quelques minutes après que la calèche eut disparu, — emportée dans un tourbillon de poussière, — une seconde voiture, — venant également par la place de la Concorde et remontant également les Champs-Élysées, — s'avança à son tour.

Elle contenait aussi trois hommes que nous connaissons encore tous trois.

C'était MM. Raymond, — Julien David, — et Lécrou.

Une couverture enroulée de même autour d'un corps raide, était sur la banquette de devant, en compagnie d'une boîte semblable de forme à celle que maintenait Max dans l'autre calèche.

Au moment où cette seconde voiture franchissait l'entrée de l'avenue, une secousse agita la caisse, secoua la couverture enroulée et en écarta l'un des pans.

On eût pu voir alors briller, — aux premiers rayons du soleil levant, — deux pointes acérées d'épées nues.

Les deux calèches couraient rapidement dans la direction du bois de Boulogne.

XXVI

Le bois

La matinée était fraîche et belle, — l'air était limpide et pur.

Au loin, sur la cime des arbres, un brouillard vaporeux se condensait en nuages diaphanes que perçaient les premiers rayons du soleil.

Il était sept heures, et les oiseaux saluaient de leurs vocalises brillantes le jour radieux qui venait de naître.

Chacun connaît la route de Paris à Ville-d'Avray, cette route qu'avaient parcourue, — quelques jours auparavant, — les calèches emportant les invités du malheureux vicomte de Launay, après le déjeuner mortuaire offert dans la maison de la rue d'Anjou-Saint-Honoré.

En quittant Paris, — et après avoir traversé le bois de Boulogne, — la route longe la Seine, — franchit le pont de Longchamps, — suit encore les rives du fleuve et débouche à Saint-Cloud.

Là, — elle fait, — à droite, — un brusque crochet, — elle monte en revenant sur elle-même, et atteint ce sommet dont la position pittoresque a valu au petit village hissé sur son dôme, — le nom caractéristique de *Montretout*.

La route continue ensuite en droite ligne, — puis elle tourne à gauche, — passe devant le chemin de la *Porte-Jaune*, et s'engage dans le parc de Saint-Cloud, — qu'elle coupe au centre de sa partie réservée, — pour de là gagner le village de Ville-d'Avray.

De l'autre côté de la longue rue qu'elle prolonge, — elle atteint le bois et les étangs.

La partie droite du bois qui s'étend vers la Marche est encore belle, — bien boisée, — et peu fréquentée, surtout à une heure

aussi matinale que celle à laquelle nous venons de réveiller le lecteur.

Il était sept heures, — avons-nous dit.

Dans un carrefour, — deux calèches
étaient stationnaires.

L'une peinte en gros bleu foncé et recham-
pie orange, — attelée de deux chevaux gris
de fer, maintenus par un cocher en livrée,
— également gros bleu et orange, — avait
son timon tourné vers la route de Versailles.

L'autre, — placée en sens opposé, — avait
sa caisse brune et ses roues rouges. — Son
cocher portait une livrée sur laquelle ces
deux nuances dominaient également.

Les deux automédons descendirent ensemble de leurs siéges et s'approchèrent l'un de l'autre.

Les chevaux fumant et disparaissant au milieu d'un nuage de brouillard, — prouvaient évidemment que les deux cochers n'avaient point encore eu le temps d'échanger un salut.

— Bonjour, Jacques! — dit l'un.

— Bonjour, Vincent, — répondit l'autre.

— Eh bien! en voilà une promenade.

— Et pas agréable!

— Dis donc!

— Quoi?

— Aimes-tu ton maître, toi?

Le cocher qui formulait cette interrogation, et que son camarade avait salué du nom de Vincent, — était celui porteur de la livrée bleu et orange.

— Oui, — répondit Jacques.

— Ah !

— Et toi ?

— Moi ?

— Oui. — L'aimes-tu le patron ?

— Je m'en fiche autant que de cela !

Et Vincent fit voler en l'air le trop plein de tabac que ne pouvait contenir sa pipe qu'il bourrait.

— Qu'est-ce que c'est ?

— Un pas grand'chose !

— Un richard du jour ?

— Oui ! un parvenu.

Les deux valets firent un geste de mé-pris.

— Ça n'a jamais eu de domestique ! — dit Vincent.

— Ça ne sait pas commander, hein ?

— Ça crie.

— Ça paye-t-il au moins ?

— Peuh !... Il n'y a rien à faire avec le foin ni avec les harnais : ça vous a un œil américain.

— Pourquoi restes-tu dans la baraque ?

— Oh ! le temps de trouver une autre place.

— Ça fait son embarras ?

— Comme un laquais devenu maître.

— Bah !

— Il y a des moments où j'ai envie de monter dans la voiture, et de le pousser sur le siége, mais....

— Mais quoi ?

— Il me verserait !

— Pauvre Vincent!

— Et ton maître à toi ?

— M. le comte de Rouvres ?

— Oui.

— Ah ! c'est un vrai seigneur celui-là !

— Bon ?

— Comme le pain !

— Juste ?

— Comme mon coup d'œil.

— Et pas grondeur ?

— Jamais un mot.

— Du nanan ?

— Tout à fait.

— Alors il faudrait qu'il pût crever la paillasse au mien.

— T'as pas d'arriéré de gages ?

— Non !

— Alors tu as raison.

Les deux amis allumèrent leurs pipes.

— C'est pourtant vrai qu'ils vont se flanquer un coup de torchon ! — reprit Vincent.

— Dis donc ! — fit Jacques.

— Quoi ?

— Une idée !

— Laquelle ?

— Si nous attachions nos chevaux et que nous essayions d'aller voir cela !

— Ça va !

— As-tu ta longe ?

— Oui ! dans le coffre.

— Allons ! en deux temps.

— Les deux cochers coururent, — chacun au coffre de sa voiture, — et ils se mirent ensuite en mesure d'attacher les chevaux.

— Ça y est ! — firent-ils ensemble.

Les deux amis regardèrent autour d'eux, — cherchant à s'orienter.

— Par où sont-ils passés? — dit Vincent.

— Par ici, — répondit Jacques.

— Du côté de Versailles?

— Oui.

— Derrière ce fourré?

— C'est cela !

— Filons !

Ils s'avancèrent dans le taillis, — écartant les branches et marchant avec précaution pour étouffer le bruit de leurs pas.

Vincent s'avançait le premier. — Jacques le suivait pas à pas.

Ils ne voyaient rien encore et n'entendaient rien.

— Tu t'es trompé ! — dit Vincent.

— Non ! — répondit Jacques.

— Ils auront tourné à gauche.

— Je te dis que je les ai suivis de l'œil de mon siége.

— Mais je ne vois rien.

— Ni moi !

— Alors...

— Avance tout de même.

— Huist ! — fit une voix. — Des chaussons, — *larbins* !

Les deux automédons s'arrêtèrent en même temps.

Un homme venait se dresser devant eux.

— Sans doute, il était couché dans les herbes, — car ni Vincent, — ni Jacques ne l'avaient remarqué et il venait de surgir brusquement au milieu du feuillage naissant du fourré.

Cet homme déguenillé, — mal vêtu, — pas peigné, — avait l'air d'un vrai bandit.

— Qu'est-ce que tu fais-là, — toi ? — demanda Vincent.

— Ce que je veux ! — répondit l'homme.

— Tu espionnes ?

— Si ça me plaît.

— Hein ?

— Motus ! c'est toi le *larbin* du Raymond?

— Je suis cocher chez M. Raymond, — répondit Vincent offensé.

— Et tu aimes ton maître peut-être ?

— Ma foi non !

— C'est heureux !

— Pourquoi ?

— Parce que si tu l'avais aimé, — seulement un peu, — t'aurais fait connaissance avec les *osselets à Guguste* !

Et l'homme avançait des poings formidables qui firent involontairement reculer Vincent.

Guguste, — car c'était lui, — c'était l'estimable frère de mademoiselle Rosine, — se tourna vers Jacques.

— Toi, — reprit-il, — t'es le cocher d'un brave homme, — de M. Lucien, — un bon ! — Je suis ton ami !

Mais, — assez causer !

« Vous voulez voir de quoi qu'il va retourner, hein ?

« Moi aussi !

« Bouche close et marchez dans ma *traîne !* »

Guguste mit sur ses lèvres ses doigts épais et courts, et, — faisant signe de l'autre main aux deux cochers de le suivre, — il s'avança dans le bois.

Jacques et Vincent se baissaient pour passer sous les branches et marchaient sur les traces de leur guide.

Celui-ci se glissait doucement, — sans faire aucun bruit.

Bientôt tous trois atteignirent l'approche d'une clairière dont le vide lumineux apparaissait entre les feuillages verdoyants.

Auguste s'enfonça vers la droite.

Ses deux compagnons imitèrent le même mouvement avec une précision remarquable.

Auguste atteignit le tronc d'un énorme platane.

Près de lui s'élevaient des petits arbrisseaux.

Auguste se baissa et ramassa le tronc de l'un d'eux qui gîsait à terre, — cassé sans doute par le vent.

Il se mit à élaguer les branches adjacentes avec son couteau.

— Un joli joujou ! — fit-il en examinant le tronc noueux dont il tenait l'une des extrémités, — ça pourrait servir ! on n'a jamais pu savoir.

De la place qu'ils occupaient, — les trois hommes pouvaient, — sans être vus, — voir à merveille ce qui se passait dans la clairière.

[illegible]

[illegible]

[illegible]

[illegible]

[illegible]

[illegible]

[illegible]

[illegible]

XXVII

Le duel.

La clairière, — en vue de laquelle s'étaient
discrètement arrêtés nos trois personnages,
— était assez vaste, — bien entourée de
taillis épais et abritée par de hauts platanes
au splendide feuillage.

Un gazon fin, léger, frais à l'œil et doux

au pied, couvrait le sol de son tapis moelleux aux reflets d'émeraude.

C'était un ravissant endroit, — merveilleusement propre à être pris pour lieu de rendez-vous par deux amants tendres, — passionnés, — recherchant le mystère.

C'était également un champ clos, admirablement situé, — pour servir de terrain à un combat.

Deux hommes se tenaient, — seuls, — aux deux extrémités de la clairière, qui pouvait mesurer, — peut-être, — trente-cinq mètres de long sur dix à douze de large.

Ces deux hommes étaient, l'un M. Raymond, — l'autre Lucien de Rouvres, — l'ami de Charles de Rueil.

Tous deux avaient mis bas habits et gilets.

Ils ne portaient que leur pantalon de drap et leur fine chemise de batiste, dont les plis boursoufflaient par-dessus la ceinture.

Tête nue, — tous deux, — Lucien les bras croisés sur la poitrine,—Raymond les mains croisées derrière le dos, — ils demeuraient immobiles et attendaient.

Au centre, — un peu sur le côté, — un groupe, — composé de Charles de Rueil,— de Max Dorcy, — de Julien David, — et de Lécrou, — se tenait debout.

Ces hommes semblaient causer avec animation.

Charles tenait une paire d'épées,—Julien David une paire de pistolets.

— J'insiste pour l'épée, — disait Charles.

— Et moi pour les pistolets, — répondit
Julien.

— Cependant...

— Permettez...

— Il avait été convenu entre nous...

— Que l'offensé aurait le choix des armes. ·

— Sans doute !

— C'est son droit !

— Incontestablement !

— Eh bien ? — fit Julien avec emportement.

— Eh bien ? — répéta Charles avec une
extrême hauteur.

— M. Raymond choisit le pistolet.

— Mais M. de Rouvres choisit l'épée.

— Mais mon beau-frère est l'offensé!

— Non pas!

— Si fait!

— Cependant...

— L'insulte est flagrante...

— Mais...

— M. de Rouvres a frappé M. Raymond.

— La cause pour laquelle M. de Rouvres
a agi ainsi...

— Je n'ai pas à discuter cette cause.

— C'est là cependant ce qu'il faut discuter.

— Mais non pas!

— Mais si fait!

— Monsieur !

— Monsieur !

Les deux hommes se toisèrent avec des regards pleins d'éclairs !

— Permettez, — dit Max en s'interposant. — Nous devrions consulter les adversaires.

— La discussion n'est pas admissible, messieurs, — dit Julien David.

— Pourquoi ?

— Parce que chacun connaît le motif du duel, — que ce motif est un soufflet donné et que M. de Rouvres est le provocateur.

— Le correcteur, — devriez-vous dire.

— M. de Rouvres a-t-il, — oui on non, — frappé M. Raymond ?

— Oui.

— Eh bien ! M. Raymond est l'offensé.

— Cela est évident ! — dit Lécrou.

— Donc, M. Raymond a le choix des armes.

— Cela est clair !

— Et il choisit le pistolet.

— Messieurs, — cria Lucien, — permettez-moi de vous faire observer que nous attendons.

Charles courut vers lui.

— Je veux l'épée ! — dit-il.

— Qu'importe ! — fit Lucien.

— Que Raymond est de ma force au pistolet, — je le sais.

— Il est également de la mienne à l'épée.

— Bah !

— Je l'ai appris hier.

— Par qui?

— Qu'importe, je le sais.

— Alors?

— Tirez au sort, — s'il y consent, — sinon, accepte le pistolet, — mais à une condition cependant.

— Laquelle ?

— C'est que nous n'échangerons qu'une balle, et que, s'il n'y a pas blessure grave, nous continuerons à l'épée.

— Tu es décidé?

— Oui.

— Irrévocablement ?

— Irrévocablement.

— Très-bien !

Charles retourna vers le groupe.

Julien revenait également de consulter son beau-frère.

— Tirons au sort ! — dit Charles.

— Non ! — dit Julien.

— Vous insistez pour le pistolet ?

— Oui.

— Mais...

— Nous l'exigeons, — dit impérativement Julien.

— Très bien !

— Vous consentez?

— Oui.

Julien poussa un soupir de satisfaction.

— A une condition, — reprit Charles.

— Laquelle?

— C'est que si les balles sont échangées sans blessure grave, — nous reviendrons à l'épée sur l'heure même, — au choix du blessé, bien entendu.

— Je vais consulter de nouveau M. Raymond.

— Allez!

Julien retourna auprès de son beau-frère.

— Vise juste! — lui dit-il.

— Pourquoi? — demanda l'autre.

— Parce qu'ils exigent de continuer à l'épée si les pistolets ne tuent pas.

— Ils tueront !

— Tu en es sûr ?

— Pardieu !

— Vise juste, cependant !

Raymond haussa les épaules.

— Au pistolet, — dit-il, — je ne redoute que M. de Rueil, et ce n'est pas avec lui que je me bats.

— Donc, — tu acceptes ?

— Oui.

— C'est dit, alors ?

— C'est dit !

Julien revint près de Charles.

— Eh bien? — demanda celui-ci.

— Nous sommes d'accord.

— Alors?

— Chargeons les pistolets.

Max prit l'une des boîtes et l'ouvrit.

Charles tendit un pistolet à Julien.

— Visitez les canons, — dit-il,— et choi-
sissez : ces armes sont neuves.

— Elles sont à M. de Rouvres?

— Elles sont à moi.

— Bien, — monsieur, — je n'ai aucune
objection à faire si vous m'affirmez que M. de
Rouvres ne s'en est jamais servi.

— Je l'affirme sur mon honneur! — ni

lui, ni moi. Ces pistolets sont neufs, visitez les canons : vous vous en assurerez.

Julien fit un geste de dénégation.

— La poudre ! — demanda Charles.

Max lui tendit la poire.

— Une charge et demie, — dit-il — il ne faut pas charger ici comme au tir.

— Oui, — dit Julien.

— Le nombre des pas ?

— Au hasard.

— Vingt-cinq, pile, — trente, face !

— Oui.

— Max !

— Quoi ? — répondit le second témoin en

se retournant et en venant auprès de Charles de Rueil.

— Lance une pièce de vingt francs.

Max comprit et obéit.

— Pile !... dit-il.

— Vint-cinq pas ! — dit Julien.

— Les armes sont chargées.

— Comptons les pas.

Les deux témoins se placèrent au centre du carrefour, — ayant grand soin de se maintenir tous deux, — le soleil à droite, pour l'un, — à gauche, pour l'autre. — afin d'égaliser toutes chances entre les adversaires, — puis, — se tournant dos à dos, — ils comptèrent chacun douze pas et demi et ils s'arrêtèrent.

Tous deux se retournèrent ensemble et tous deux laissèrent — à la fois, — tomber à leurs pieds le mouchoir blanc qu'ils tenaient à la main.

Les places étaient marquées.

Chacun alla prendre celui qu'il assistait et le conduisit jusqu'à l'endroit où gisait chaque mouchoir, — puis ils se retournèrent vers Max et vers Lécrou.

Les deux seconds témoins tenaient les pistolets chargés et armés.

Charles et Julien les prirent tous deux et tendirent ensuite les armes aux deux adversaires.

Charles serra la main que Lucien avait libre.

— Pile ou face? — cria Max en lançant une pièce en l'air.

— Pile! — dit Raymond.

— C'est pile! — fit Julien en se baissant.

— Alors, — dit froidement Lucien, — monsieur tire le premier.

— Trois coups dans la main, — dit Charles, — au troisième M. Raymond tirera, — M. de Rouvres ripostera immédiatement sans nouveau signal.

— Tout est convenu? — dit Julien.

— Oui! — firent les deux adversaires.

— Messieurs! — champ libre.

Les quatre témoins se reculèrent, — en se maintenant sur une ligne passant au milieu des deux adversaires.

Charles et Max, — Julien et Lécrou, — se tenaient à la droite de leur ami.

— Mon pauvre maître! — balbutia Jacques tout ému.

— Ma canaille de patron! — murmura Vincent.

Auguste ne dit rien, — mais sa main droite fouillait dans sa poche.

Il en tira un couteau tout ouvert.

— J'ai envie de saigner le gueux! — fit-il.
— S'il ne manque pas M. Lucien!... je ne le manquerai pas, — moi!

— Attention, — messieurs! — dit Charles, — êtes-vous prêts?

— Oui, — firent les deux adversaires.

— Vous n'avez nulle observation à adresser ?

— Aucune !

— Alors...

Charles écarta les mains...

Un frémissement passa dans le corps de chacun des témoins, — visibles et invisibles.

— Un ! — fit Charles en tapant dans ses mains.

Raymond leva lentement son pistolet en prenant la ligne de terre, — c'est-à-dire en maintenant le point de mire dans la direction des jambes de Lucien, et en remontant l'arme doucement, tout en suivant la ligne verticale.

Lucien remarqua cette manœuvre qui décelait un tireur émérite. — (Un homme n'ayant pas l'habitude du pistolet eût abaissé son arme de haut en bas.)

Lucien demeura immobile la tête droite, — regardant fixement et bien en face son adversaire, — le bras droit replié, — le coude et l'avant-bras défendant la poitrine, — la crosse du pistolet à la hauteur du visage...

— Deux !!... fit Charles avec une émotion visible.

Raymond levait toujours plus lentement son arme.

Lucien ne bougeait pas.

— Trois !!...

Le coup partit, — un léger nuage de fumée s'envola.

Tous les regards étaient sur Lucien... Il n'avait pas bougé ! Raymond et Julien pâlirent... Lucien visait à son tour...

Le coup partit.

Tous les regards s'étaient reportés simultanément vers Raymond.

Lui, non plus, ne bougea pas !

— Es-tu blessé ? — lui cria Julien.

— Non ! — Répondit Raymond.

Lucien demeurait immobile, — Charles courut vers lui.

— Du sang ! — dit-il en regardant l'épaule gauche de son ami.

— Ce n'est rien ! — fit Lucien. — Une écorchure, — monsieur tire bien, mais le hasard a été pour moi.

Lucien montra son pistolet.

La crosse de l'arme était à demi brisée.

La balle de Raymond avait atteint le pistolet à le naissance du canon, — au-dessus de la batterie, et chassée par la résistance de l'acier, — elle avait dévié en déchirant, — au passage, — l'épaule de Lucien.

— J'ai visé trop haut, — murmura Raymond en remarquant l'effet de son tir.

— Messieurs, — dit Max, — il faut en rester là !

— Non pas, — corbleu ! — dit vivement Lucien, — nous avons apporté des épées ! c'est pour nous en servir.

— Mais... — fit Julien.

— Si monsieur veut garder son soufflet il en a le droit !

— Pas d'insulte et les épées ! — cria Raymond.

— Les épées ! — répéta Lucien.

— Tonnerre ! — grommela Auguste, toujours dissimulé ainsi que les deux cochers derrière le taillis, — c'est-il ça un crâne lapin !

— Oh ! — ajouta Jacques, — si j'étais mon maître, je lui flanquerais une sanglée de coups de longe qu'il en resterait fourbu sur sa litière.

Charles avait ramassé les épées et les présentait, — par la poignée, — aux deux adversaires.

Lucien et Raymond s'armèrent vivement.

Les témoins exploraient le sol, chassant les pierres, — écrasant les mottes de terre, — bouchant les trous, — égalisant enfin le terrain le plus possible. Les deux ennemis se placèrent à distance.

— Êtes-vous prêt? — demanda Lucien.

— Oui, — répondit Raymond, — et vous?

— A vos ordres !

— En garde ! — dit Julien.

Les deux fers nus se levèrent et se rapprochèrent sans se toucher.

— Allez, messieurs! — dit Charles.

Les lames se froissèrent et une double étincelle jaillit.

Les deux adversaires étaient admirable-

ment en garde tous deux. Les jambes à demi
ployées, — le torse bien campé sur les han-
ches, — le corps en arrière, — la main
ferme, — le bras à demi plié, — les yeux sur
les yeux, — la pointe à la hauteur du visage...
— le visage calme et un peu pâle.

Ils demeurèrent là, — immobiles, — la
respiration sifflante.

Ils se tâtaient...

Chacun devinait, — en l'autre, — un en-
nemi digne de lui.

Raymond essaya d'un léger *froissé*. Lucien ne bougea pas : son fer ne dévia pas
d'une ligne et ne répondit pas.

Raymond — fit un *double engagement* rapide, — Lucien prit le *contre* sur le second,

— Raymond *doubla* l'épée. — Les deux fers se heurtèrent.

Tout à coup Lucien attaqua. S'écrasant sur la jambe gauche, — il fit une retraite de corps, — s'effaça, — fit un battement rapide et envoya, — plus impétueux que la pensée, — un double coupé.

Raymond para par une simple opposition.

D'un commun accord, — les deux adversaires firent un pas en arrière et baissèrent leurs épées.

L'anxiété la plus poignante était dans tous les cœurs. La vie était, — pour ainsi dire, — suspendue chez tous ceux qui regardaient.

Lucien et Raymond retombèrent en garde :

— Crâne des crânes ! — murmura Auguste.

— Je suis tranquille, moi ! — dit Jacques, — mon maître bat les maîtres d'armes !

— Et le mien aussi ! — dit Vincent.

— Bah !

— Oui !

— Tonnerre ! ça va chauffer alors !

Les deux adversaires s'attaquèrent avec fureur.

Chaque coup était paré, — chaque *riposte* portée plus rapide, — chaque *remise* envoyée de main de maître.

Les épées se froissaient avec un cliquetis plein d'éclairs.

L'anxiété était à son comble... Trois minutes s'écoulèrent.

Enfin Raymond poussa un cri de triomphe et Charles de Rueil un cri de douleur...

L'épée de Lucien s'était brisée sur la garde de celle de Raymond, et le fer de celui-ci, ne rencontrant plus d'opposition, avait atteint M. de Rouvres au-dessous de l'épaule gauche.

Le coup était loyal, — car Raymond eût été dans l'impossibilité de dégager son fer, — l'eût-il voulu.

Lucien tomba dans les bras de Charles : le sang coulait à flots.

Raymond essuya son épée ensanglantée.

— Des médecins ! courez à Versailles ! —

cria Charles, — nous avons commis la faute impardonnable de ne pas en amener !

—Transportez M. de Rouvres dans la calèche ! — Je cours chercher du secours ! — dit Julien en s'élançant.

Les deux cochers s'étaient empressés de quitter le taillis : Auguste y demeurait seul.

Charles, aidé de Max et de Lécrou, soulevait le corps inanimé de Lucien. Tous trois se dirigèrent lentement vers l'endroit où stationnaient les calèches. Raymond s'était reculé. Il demeura seul dans la clairière.

— Ouf! — fit-il, — c'est un rude tireur, mais mon coup n'a pas manqué. S'il en revient, — il aura de la chance! Cela lui apprendra à se mêler de ce qui ne le regarde pas! Ma foi! qu'il meure ou qu'il vive!... peu m'importe! Je m'en soucie comme de...

Un coup sec, — qu'il reçut sur l'épaule, — interrompit Raymond.

Il se retourna brusquement. Un homme était devant lui, un bâton noueux à la main.

Cet homme était Auguste.

— Tu as ton épée, — j'ai un bâton, — dit le frère de Rosine, — à nous deux, — mon bibi!...

— Hein! — fit Raymond en reculant, — un guet-apens!

— Ce que tu voudras!

— Mais...

— En garde!...

— Cependant...

— A nous deux, que je dis : gredin à gredin !... ça se vaut !

Raymond leva son épée :

— Drôle ! — s'écria-t-il.

— C'est toi qui vas la trouver drôle ! — hurla Guguste.

— Au sec....

Raymond n'eut pas le temps d'achever.

Un moulinet terrible fit siffler le bâton noueux à ses oreilles.

— J'avais une idée quand je l'ai cueilli ! — fit Auguste en menaçant.

Raymond comprit qu'il n'y avait pas à hésiter. Il fondit l'épée haute sur Auguste.

FIN DE LA DEUXIÈME PARTIE.

LES

MYSTÈRES DU MONT-DE-PIÉTÉ.

Troisième partie.

LES EMPRUNTEURS.

I

La rue des Blancs-Manteaux.

Il y a des rues de Paris dont l'histoire est
tout un roman, — et le roman tout une
histoire, non-seulement de la ville, mais
presque de la nation.

Si le promeneur parisien, — flânant
dans les artères de la gande ville, — peu-

vait avoir en mémoire l'historique de chaque espace de terrain sur lequel il met le pied, — il s'arrêterait, — ici, ébahi de surprise, — là, frémissant de terreur, — plus loin, frappé d'admiration, — plus près, péniblement affecté, — là-bas, riant aux souvenirs.

Quel livre curieux à faire, — amusant à lire, — intéressant à consulter, — que celui d'une promenade anecdotique et historique dans Paris.

Un exemple entre mille.

Pas un de vous, — chers lecteurs, — n'a passé au moins vingt fois en sa vie, — dans ce quartier du Temple où serpente la rue des *Blancs-Manteaux*.

Savez-vous ce qu'était, — il y a six cents ans environ, — ce terrain, — pavé aujourd'hui, — mais toujours boueux ?

C'était un faubourg éloigné de la capitale de la France.

Là étaient entassés les établissements des équarrisseurs, des écorcheurs, repoussés de l'intérieur de la ville pour cause de puanteur et d'insalubrité.

Là se dressaient de hideux hangars, — affectant cruellement la vue et l'odorat, — des huttes couvertes en chaume où grouillait toute une population aux mains rougies, — là on enfonçait jusqu'aux chevilles dans une boue noire et infecte, — là enfin, on *parcheminait* et l'on voyait sécher à l'air les peaux puantes et préparées.

Aussi la rue se nommait-elle *rue de la Parcheminerie*.

Plus tard, alors qu'une autre rue du même genre fut bâtie dans la Cité, on appela celle du quartier du Temple *rue de la Vieille-Parcheminerie*.

Puis, — un beau matin, — les équarrisseurs se réveillèrent enfermés dans l'enceinte de Philippe-Auguste.

Le faubourg faisait partie de la ville.

Les mêmes causes qui avaient fait reléguer jadis ces établissements loin de la Cité, les en exilaient de nouveau, et les principaux, — ceux que l'on redoutait le plus, — étant congédiés et expropriés, — il ne resta que les petits, ce qui valut à la rue sa troisième dénomination : *rue de la Petite-Parchemi-nerie*.

En 1258, des moines achetèrent de grands terrains aux derniers équarrisseurs pour-chassés par l'édilité.

Ils firent bâtir là un couvent.

Ces moines, — qui se qualifiaient de *Serfs de Sainte-Marie*, venaient de Marseille à Paris pour profiter de la grande faveur dont jouissaient les religieux sous le règne de saint Louis, et participer aux libéralités de ce roi qui, — en effet, — contribua, — avec quelques particuliers, — à l'établissement de leur maison.

Ils portaient, par-dessus leur robe, — un énorme manteau de laine blanche dans le-quel ils s'enveloppaient.

De là le nom de l'*ordre des Blancs-Manteaux* qui leur fut donné.

Joinville en parle ainsi dans son *Histoire de saint Louis* (édition de 1761) :

« ...Revint une autre manière de frères que l'on appelle l'*ordre des Blancs-Manteaux* et requistrent au Roy que il leur aidast que ils peussent demourer à Paris.

« Le Roi leur acheta une mèson et vielz places entour pour eulz herberger, de lez la viex porte du Temple à Paris, assès près des tissarans... »

La maison des *Blancs-Manteaux* fut bâtie sur un emplacement situé en dedans et près du mur d'enceinte de la ville — (entre les maisons portant de nos jours les numéros de 12 à 16).

En 1274, — le pape Grégoire **X**, — dans le second concile de Lyon, — supprima tous les ordres religieux mendiants, excepté les *Carmes*, les *Cordeliers*, les *Jacobins* et les *Augustins*.

N'étant pas compris dans l'exception, — les *Serfs de la vierge Marie* cessèrent d'exister en communauté.

En 1297, — d'autres moines mendiants, — autorisés par un autre pape, — remplacèrent les moines dépossédés.

C'étaient les *Guillemites* ou *Guillemins*.

Le public, — sans avoir égard au changement d'ordre, — continua à nommer les moines les *Blancs-Manteaux*, et la rue prit définitivement le nom du couvent, — mais après que les *Guillemins*, — renvoyés à leur tour, — eurent cédé la place au monastère, dont le chevalier Le Tellier et son épouse posèrent, — en 1685, — 26 avril, — la première pierre.

La fondation du premier couvent n'avait pas été une cause de tranquillité pour le quartier.

Malheureusement les moines mendiants du moyen âge n'avaient pas droit à une réputation bien chrétienne.

La première chose qu'il leur fallait, — avec l'église, — était le cabaret.

Or, rien ne pullule plus vite que les tavernes, et la *rue des Blancs-Manteaux* en avait été bientôt remplie.

Clercs, basochiens, escoliers, ribauds et truands se mêlaient là aux bons frères.

Toute cette population, — retirée dans quelques-uns des coupe-gorge de cet horrible quartier, — s'était livrée bientôt à des déportements que la police du prévôt ne savait comment arrêter.

Pendant longtemps, — la *rue des Blancs-Manteaux* fut regardée, à juste titre, comme fort dangereuse.

Bientôt des crimes plus retentissants devaient, — accomplis sur son sol, — la rendre plus célèbre encore.

Le 20 novembre 1407, — le ciel était noir, — la pluie tombait à torrents, — pas une lumière ne brillait dans l'obscurité de la rue...

Tout à coup, — au coin de la vieille rue du Temple, des cris retentissent, — des galops de chevaux ébranlent le pavé, — des flèches sifflent dans les airs...

Une troupe de cavaliers passe à toute bride dans la rue...

Ce sont les assassins du duc d'Orléans, — aux gages du duc de Bourgogne, — qui s'échappent, — le meurtre accompli, — en criant : *au feu ! au feu !*

Le lendemain au matin, — au milieu de la sombre nef des *Blancs-Manteaux*, — se trouvait étendu, — enveloppé dans un drap de velours noir, — le corps mutilé du prince.

Autour de ce cadavre pleurait et priait la famille royale.

Des torches de cire écussonnées aux armes d'Orléans secouaient leur clarté rougeâtre et sinistre sur cette scène de deuil.

Des moines agenouillés récitaient tout bas les prières des morts !...

Les taches de sang qui souillaient le pavé de la rue étaient à peine effacées, — qu'un nouveau meurtre venait prendre place dans les fastes du quartier.

Encore aujourd'hui, — de la fontaine des Audriettes, — on distingue, en face, une fenêtre de l'hôtel Soubise — (aujourd'hui les Archives), — jadis l'hôtel de Guise.

Une nuit,—en 1578,—cette fenêtre s'ouvrit, — un homme parut sur le balcon. — Une femme jeune et admirablement belle se tenait penchée sur lui.

Cette femme c'était Catherine de Clèves, — duchesse de Guise.

Cet homme, — c'était Saint-Mégrin, — le beau *mignon* de Henri III.

Les amants se donnent un dernier baiser,

— l'homme enjambe le balcon et s'é-
lance...

Mais des poignards brillent dans l'ombre,
— des voix sourdes s'appellent, — des
hommes s'avancent...

C'est Saint-Paul, — c'est Mayenne, — ce
sont les assassins apostés par le terrible Ba-
lafré, — Henri de Lorraine.

Saint-Mégrin tombe et c'est le mouchoir
brodé de sa maîtresse qui achève de le tuer
en l'étranglant.

Le cadavre est abandonné dans la rue *des
Blancs-Manteaux*.

Jusqu'à la Révolution, la rue des Blancs-
Manteaux vit se succéder, — sans trop
changer d'aspect, — trois règnes successifs
et trois époques diverses.

En 1789, demeurait, — au n° 27 de cette

rue, — un misérable, — un lâche, — un vil dénonciateur, — du nom, — heureusement peu français, — de *Turcatti*.

Ce fut lui qui provoqua, — par une dénonciation *anonyme*,—l'arrestation et l'emprisonnement de l'infortuné Thomas Mahi, *marquis de Favras*.

Accusé d'avoir voulu enlever Louis XVI, le marquis fut condamné, — justement ou injustement, — on ne sait pas encore, — à être pendu.

Il fut exécuté et il mourut comme savent mourir les hommes de cœur et d'énergie : emportant avec lui un secret qui eût pu alors compromettre bien des têtes.

La honte et l'infamie furent pour le dénonciateur qui, lui-même, périt misérablement quelques années après.

Des notes de la police nous apprennent que *Turcatti*, — après une nuit passée en orgie avec des créatures honteuses, — fut trouvé, — le lendemain, — pendu aux rideaux de son lit.

Le 9 décembre 1777, — Louis XVI avait doté sa bonne ville de Paris d'une philantropique institution, — d'importation italienne.

Cette institution était celle du MONT-DE-PIÉTÉ.

La Convention, — qui abattit tant de choses, — respecta celle-là comme digne d'être conservée.

Elle octroya même au Mont-de-Piété, — pour anéantir toute concurrence, — une autorisation spéciale, — et, — pour le mettre plus à son aise, — un local particulier.

Cet emplacement, — généreusement accordé, — fut celui du couvent des Blancs-Manteaux.

Du couvent et de l'église, il n'est resté debout que les murs et, — au premier coup d'œil, — on serait tenté de prendre l'édifice sombre pour un hospice ou une prison.

D'étroites et hautes fenêtres, — dépouillées de toute espèce d'ornements, — mais, — en revanche, — solidement bardées de fer : — au-dessus de la grande porte un drapeau tricolore tout fané, — tout déteint : — une guérite et un soldat en faction, — voilà, — vu du dehors, le Grand Mont-de-Piété.

En dedans, — on aperçoit, — se déroulant devant soi, — une enfilade de cours encaissées, — de bâtiments sombres , — élevés, — percés, comme un crible, de nombreuses fenêtres à petits carreaux sales et ternes.

Il y a là dedans un silence qui effraye, — on croirait tous ces bâtiments inhabités.

Partout, — autour de soi, — des entrées obscures, — des escaliers tortueux.

Sur tous les murs, — de longues colonnes d'affiches, — placardées les unes sur les autres, — mais qui, toutes, laissent voir, — par le haut, — ce mot impitoyable :

VENTE.

Dans les cours, — sur les pavés, — dans tous les vestibules, — des paquets, — des couvertures, — des ballots, — des commissionnaires qui passent silencieux comme des ombres.

Là, — tout homme qui entre paraît chétif et faible : — le besoin, — la misère, — la honte le défigurent et l'amaigrissent.

Ceux que l'on rencontre au GRAND MONTDE-PIÉTÉ, ne ressemblent pas au public des bureaux auxiliaires.

Il y a, — *rue des Blancs-Manteaux*,—plus de misère et de douleurs.

La rue, — elle aussi, — a son cachet, — son caractère dépendant du grand établissement qui est son âme.

Ce ne sont, — sur toutes les maisons, — qu'écriteaux et enseignes avec ces mots :

Ici on achète les reconnaissances du Montde-Piété.

Des habits râpés, — passés de mode, — des friperies, — des oripeaux de mille espèces étalent leurs misères aux portes des brocanteurs.

Des bijoutiers de hasard exposent aux yeux des passants de l'argenterie et des bijoux d'occasion.

Le besoin, — la détresse ont écrit leurs souffrances sur toutes ces hideuses archives.

Rarement le soleil pénètre dans la *rue des Blancs-Manteaux*.

Il caresse les toits des maisons et c'est tout.

Dans cette rue, — l'air est presque toujours humide.

Une boue noire, — visqueuse, — infecte, — couvre continuellement les pavés.

Mais à certains jours du mois ou de la semaine, – la physionomie générale change.

Tout une population de fripiers, — de

brocanteurs. — de marchands sans nom,
— envahit la *rue des Blancs-Manteaux*.

— Ce sont les JOURS DE VENTE.

Ces jours-là, — le Mont-de-Piété devient
une véritable succursale de l'hôtel des com-
missaires priseurs.

On y vend tout, — à tous, — et de tous.

Bijouterie ou friperie , — marchandise
neuve ou d'occasion, — depuis l'habit brodé
et l'épaulette à graines d'épinard, — jusqu'à la veste de droguet de l'ouvrier et la
robe de velours de la femme entretenue.

Depuis le tableau, — chef-d'œuvre de
l'artiste, — jusqu'à la médaille d'or, — ré-
compense du pauvre savant.

Des Juifs, — des brocanteurs, — des ache-
teurs de tous les pays, — de toutes les na-
tions, — vont et viennent sans cesse dans

toute la longueur de la rue, — s'interpellant, — s'accostant, — se faisant part des épaves qui leur sont survenues, — se montrant les diamants, — les montres, — les bijoux qu'ils viennent d'acheter.

Des marchands d'habits défilent, — par escouades, — avec des montagnes de pantalons et de paletots sur leurs épaules.

La rue est devenue un passage forain, — le vestibule en plein vent d'un intarissable bazar.

Puis, — la journée de vente écoulée, — la rue reprend son aspect ordinaire.

Comme toutes les autres rues de Paris, — la *rue des Blancs-Manteaux* commence par un épicier et un marchand de vin, et finit par un marchand de vin et un épicier.

FIN DU CINQUIÈME VOLUME.

TABLE

Sceaux, imprimerie de E. Dépée.

NOUVEAUTÉS TERMINÉES.

LES DEUX COURONNES
Par le Marquis DE FOUDRAS. — 2 volumes.

FRÈRE TRANQUILLE
Par PAUL FÉVAL. — 5 volumes.

SANS-PEUR LE CORSAIRE
Par G. DE LA LANDELLE. — 3 volumes.

LES MORMONS
Par PAUL DU PLESSIS. — 8 volumes.

CES MESSIEURS ET CES DAMES
Par JULES DE RIEUX. — 3 volumes.

LES SECRETS DE L'OREILLER
Par EUGÈNE SUE. — 7 volumes.

LES LOUVES DE MACHECOUL
Par ALEXANDRE DUMAS. — 10 volumes.

PAUL ET SON CHIEN
Par PAUL DE KOCK. — 6 volumes.

Sceaux, typographie de E. Dépée.

www.ingramcontent.com/pod-product-compliance
Ingram Content Group UK Ltd.
Pitfield, Milton Keynes, MK11 3LW, UK
UKHW021916070726
13614UKWH00001B/69